中國學術思想研究輯刊

研究輯刊

十三編

林慶彰 主編

第17冊

從朱子的讀書法論其修養工夫

呂銘崴 著

花木蘭文化出版社

國家圖書館出版品預行編目資料

從朱子的讀書法論其修養工夫／呂銘崴 著 — 初版 — 新北市：
花木蘭文化出版社，2012〔民 101〕
目 2+150 面；19×26 公分
（中國學術思想研究輯刊 十三編：第 17 冊）
ISBN：978-986-254-801-1（精裝）
1.（宋）朱熹 2.讀書法 3.修養
030.8 101002169

ISBN-978-986-254-801-1

9 789862 548011

中國學術思想研究輯刊
十三編 第十七冊 ISBN：978-986-254-801-1

從朱子的讀書法論其修養工夫

作 者 呂銘崴
主 編 林慶彰
總 編 輯 杜潔祥
出 版 花木蘭文化出版社
發 行 所 花木蘭文化出版社
發 行 人 高小娟
聯絡地址 新北市永和區中正路五九五號七樓
電話：02-2923-1455／傳真：02-2923-1452
網 址 http://www.huamulan.tw 信箱 sut81518@gmail.com
印 刷 普羅文化出版廣告事業
封面設計 劉開工作室
初 版 2012 年 3 月
定 價 十三編 26 冊（精裝）新台幣 42,000 元

從朱子的讀書法論其修養工夫

呂銘崴　著

作者簡介

呂銘崴，1982 年出生於台灣，淡江大學中國文學系碩士班畢業，目前於國立中央大學中國文學研究所攻讀博士學位。主要研究方向為先秦儒學與宋明理學。發表有〈由「節文」談先秦道德與藝術的溝通〉、〈朱子文學理論間架初探〉、〈由朱子的讀書方法論其工夫進路〉等單篇論文。

提　　要

　　本論文旨在通過對朱熹的讀書法的分析，來重新審視其工夫理論，進而反省這樣的一種工夫的意義與限制為何。論文共分五章，結構上，第一章為緒論部分，主要針對朱熹的思想發展、前人研究以及論文研究方法做一敘述，而於二、三、四章展開文獻的討論與詮釋。第五章則對全文討論做一簡短回顧，並略述其工夫論的當代教育價值。

　　朱熹關於心的理解，主導著我們對於朱熹工夫論的認識，因此我們首先通過對朱熹中和舊說文獻的分析，指出朱子學與孟子學二者間的差異，並且說明朱熹理氣二分、與心性情三分的基本理論架構。在這種架構下，朱熹依著「氣強理弱」的觀點解釋了惡的來源，說明吾人道德修養的目的正在於恢復心與性理間本來貫通的狀態。接著分析了朱熹關於心的「知覺」在其哲學系統中的意義，並依循陳北溪「心是理氣之合」的說法，來重新解釋朱熹對於心的規定，以此說明心與性理之間溝通的可能性。

　　在朱熹的讀書法上，我們由博學、精熟、虛心、讀書次第還有切己作為中心，將圍繞於此的十二項與讀書法有關的議題逐步進行說明，並以之呈現出讀書法的輪廓與實踐的具體步驟。我們認為朱熹說的博學是關聯著聖人氣象與心性論的要求，精熟則與恢復本來貫通的狀態有關，至於虛心的說法則可用以說明朱熹強調的「讀書」，與我們現今理解的純粹知識性閱讀不同，它更重在體會經典中的道德意義，以此來逐步涵養我們的生命。最後在先讀《四書》，後讀史書的讀書次第中，我們注意到讀書本身就是道德實踐，同時是強調不斷自我體會、涵養的一種生命的學問。

　　在論述了格物致知與讀書法的關聯之後，我們將眼光轉往朱熹對於敬的理解上，以探尋在他的學說中，關於道德行為的可能動力來源，以此提供在他律倫理學系統的劃分下，道德行為在朱熹學說中產生的可能基礎。並且對這份源自心對於性理的認識，進而產生的一種敬畏之情給出評價。

目
次

第一章　緒　論

第一節　研究動機

　　我們知道宋儒重視易學，如宋初三先生中的胡瑗便曾鑽研過《易經》，著有《周易口義》，而位居開山地位的周敦頤、張載也有著深刻的易學涵養，只是他們的用心並不同於漢儒以章句訓詁為業，以周張二子為例，他們通過《易傳》的啓發，積極地建立一套道德哲學的本體宇宙論。這裡除了有儒者經世濟民的背景外，更是為了回應佛學的空性思想，以及道家的有無之說。〔註1〕因此，在宋明理學發展的次序中，宇宙論的問題自然首先浮上檯面，成為北宋理學家們首要關切的哲學議題。在這樣的氛圍下，遂有周濂溪的「太極圖說」為道德宇宙論的建立拉開序幕，復由張橫渠提倡的「太虛即氣」為之深化、發揚天道思想的內涵，我們若翻開《正蒙》，裡頭便有大量關於太虛神體的體用義的闡述，此皆為宋儒們回應自身所處時代的積極表現。故不論濂溪或橫渠，皆每每於著作中有關佛言語，或嚴分儒道二家之不同。〔註2〕這樣的關佛排老，實有著先

〔註1〕 如張岱年先生曾說：「他（案：指張載）比較用力研究的是《周易》，他以《易傳》為根據來建立自己的哲學體系，對佛教道家的唯心論進行了批判。」我們不必完全認同張先生以唯心、唯物的方式界說橫渠的思想，但儒者以易學建構自我形上體系，並與佛老劃清界線，卻是不爭的事實。見張載：〈關於張載的思想和著作〉，《張載集》（北京：中華書局，2006年12月），頁1。

〔註2〕 牟宗三先生曾說：「北宋濂溪、橫渠、明道，大體皆平說，尤其重在對於本體之體悟，重在對于『本體宇宙論的』實體之體悟，如濂溪重在對于太極之體悟，橫渠重在對于本體宇宙論的體用不二之體悟，明道重在『一本』之體悟。自體上見出儒家天道性命相貫通中本體宇宙論的實體之特殊，由此而判儒

秦儒者的味道，孟子嚴辨義利，是要說明人的存在價值；反觀濂溪、橫渠的努力，則爲客觀面的天道創生系統找到趨於完善的理據，與較爲妥當的論述，至程顥方能有「一本」的說法，展現體用一如的圓融光彩。

所以相較於南宋學者，濂溪、橫渠等人顯然較少言及工夫，卻於本體宇宙論上多所立論，此自有其時代背景的要求。而階段性的需要一旦完成了，自然便將回歸於實踐問題上，故自明道、伊川、五峰即開始著眼於此處。五峰、朱子皆是消化北宋諸儒思想，並持續開創義理的關鍵人物，面對前賢浩瀚的典籍，二人吸收各有不同，唯此間差異則與個人思辨上的性好、與對前賢於天道本體言語的體會有關。五峰先主識察，朱子則先重涵養，二者所言雖然各有不同的理解層次，卻都把焦點投注在工夫的方法要求上。

只是一旦涉及方法的討論，便容易有優劣的區別，故朱子每多指同時代的陸象山爲禪，象山以「堯舜之前何書可讀？」〔註3〕視朱子的工夫爲支離，而後人則多以尊德性與道問學來區別二者的教法，只是這樣的理解顯然有過於簡化問題的毛病。〔註4〕並且方法上的優劣之別，實當肇因於此方法是否相應於聖學本質，也唯有對此批評，方能切中問題的核心。如近代學者牟宗三先生便曾以康德於道德哲學上的分析作爲尺規，並佐以朱子的天道觀架構，來判定朱子學爲他律的道德學與泛認知主義等，而以順取工夫與逆覺工夫的規定來重新檢別朱、陸二人的工夫論。這樣的檢別自然較有深切的意義，且如深遠地說，牟宗三先生此中的劃分所凸顯的概念或可涉及宋明理學的分系與儒學的圓教系統究竟應當如何規定的詮釋問題，但這難免也要引起學術界一些不同的意見。〔註5〕

因此，本文即是面對著學術界對於朱子哲學的不同聲音，而引起我們一窺究竟的思考興趣。我們除了關注於牟宗三先生對於朱子學的詮釋——比如在橫攝系統裡我們能知道什麼？又如何去知道什麼？此系統中又將有何意義與限制？這類以橫攝、順取爲主的評斷對朱子學說來講又是否公允？並且，

佛，則逕直而不支蔓，截然而不遊蕩，定然而不可易移。」見牟宗三：《心體與性體》（台北：正中圖書股份有限公司，2005 年 3 月），冊 3，頁 42～43。

〔註3〕見陸九淵著：〈年譜〉，《陸九淵集》（北京：中華書局，1980 年 1 月），卷 36，頁 491。

〔註4〕此等問題我們於第三章第一節會有較詳細的敘述。

〔註5〕關於這點，可以參看本章第三節的「近人研究」與下一章中的「諸家對朱子論心意義之理解」。

我們也將順著象山對於朱子工夫恐失支離的質疑進行討論，藉著對於朱子工夫論的反省來探尋朱子的工夫與道德本質間的關係，而著眼於經驗生活中即物窮理、格物致知等朱子所重視的教法，是否眞能幫助我們走向豁然貫通之路，而並非只是一種知識見聞意義下的逐物之事。

　　格物致知與持敬是朱子工夫論中最廣爲人知，同時也極爲重要的工夫，而讀書法則是此種工夫中爲朱子及其後學所看重的一個部份，如黃榦與陳淳二人皆繼承師說，而有對於讀書入道次序的討論，此外張洪、齊熙則是直接將朱子讀書的教法條分縷析編成《朱子讀書法》一書，書中先列綱領，復次分類歸納爲循序漸進、熟讀精思、虛心涵泳、切己體察、著緊用力、居敬持志等六條，爾後元代的程端禮更依循其說將之發揚光大，程氏著有《讀書分年日程》，內容則是以朱子的讀書法來說明進學規程。在現今的社會文化中，讀書爲我們理解的只是挖掘書本上的知識，與德行修養似乎並無任何關係。在這樣的認定下，學校中的道德教育課程是否眞有提升個人品德的效果？這個問題與朱子格致教法能否成德是相關的。我們在意的是讀書與格物是否僅是一種見聞之知，而讀書與格物的工夫是否又企圖由見聞之知達到德性的圓滿？我們由此重新探究道問學對於朱子的意義爲何，以此檢視前輩先生對於朱子哲學評議的重要價值，並且，更通過讀書法與道德工夫的討論，亦得以經由讀書次第的分解的討論來窺見朱子格物、持敬工夫的內在過程，並由此過程的分析來思考朱子的心是如何知理，最後也能爲我們發掘現今的道德教育的可能性，及其價值何在，或者透過朱子的工夫論的優劣分析，以見出教育方法中所應避免的缺失爲何。

第二節　近人研究

　　關於讀書與修養工夫的結合，過去在前輩學者的研究中即曾多次被提出討論，本節列舉錢穆先生、唐君毅先生以及牟宗三先生對朱子讀書法的詮釋，而這三位前輩先生對朱子學均有深刻體會，其研究亦可視爲臺灣當代朱子學重要標的，得以做爲研究朱子讀書法之入門階梯。

一、錢穆先生對朱子讀書法之理解

　　錢穆先生對於朱子的讀書法，曾有過一番條列式的歸納分析，主要可見

於《學籥‧朱子讀書法》、《朱子新學案‧朱子論讀書法》二文，錢穆先生通過對朱子讀書法的理解後，於此二文中多次對朱子治學的嚴謹態度極力表示肯定，並且讚譽說：「在中國學術史上，博大精微兼而盡之，孔子以下，唯有朱子。」〔註6〕如此形容可謂推崇備至。

錢穆先生認為朱子之所以重視讀書，當有回應其所處時代背景的因素在內：「當時風氣既有主張學不在書，窮理勿泥古人言語，故雖不廢讀書，終不免看文字疏略。朱子為救此弊，教人凡百放低，且將先儒所說反覆涵泳，此乃朱子教人讀書最平實易最喫緊之語。」〔註7〕錢穆先生以「放低」、「退後」〔註8〕說明朱子虛心觀書的道理，而虛心的目的則在讓出空間，以便知得文本中的涵義。錢穆先生的此類有關玩味踐履、博學精熟的討論多有著眼於學習的方法來說明朱子講究讀書的意義。

此外，錢穆先生在介紹朱子的讀書法時，同時也表示說：「朱子教人為學，必教人讀書。朱子教人格物窮理，讀書亦是格物窮理中一重要項目。」〔註9〕如此將讀書置於格物中思考，以格物關聯讀書，則讀書法便成了一種道德修養的工夫，因此我們看到錢穆先生說：「然則讀書即是一種日用工夫，浸灌培養，可以變化氣質。」〔註10〕又說：「讀書之與踐履涵養，本是一事。故不必廢書不讀，乃能真實從事於踐履涵養也。」〔註11〕此是主張其讀書與道德踐履的涵養工夫，不應當被視為兩種不同活動，兩者之間本來沒有衝突，因而錢穆先生說：「朱子教人讀書以切己修德為重。若謂只要切己修德，不煩讀書，則非朱子意。」〔註12〕若依據朱子之說讀書是第二義，便以為讀書可廢，則

〔註6〕見錢穆：《朱子新學案‧朱子讀書法中》（台北：三民書局股份有限公司，1971年），冊3，頁643。

〔註7〕見錢穆：《朱子新學案‧朱子讀書法上》（台北：三民書局股份有限公司，1971年），冊3，頁617。

〔註8〕錢穆認為：「主退後，猶如其言放低，皆為力反易時高遠之浮談而發。」見錢穆：《朱子新學案‧朱子讀書法上》（台北：三民書局股份有限公司，1971年），冊3，頁619。

〔註9〕見錢穆：《朱子新學案‧朱子讀書法上》（台北：三民書局股份有限公司，1971年），冊3，頁613。

〔註10〕見錢穆：《朱子新學案‧朱子讀書法上》（台北：三民書局股份有限公司，1971年），冊3，頁627。

〔註11〕見錢穆：《朱子新學案》，《錢賓四先生全集》（台北：聯經出版公司，1998年），冊13，頁717。

〔註12〕見錢穆：《朱子新學案‧朱子讀書法下》（台北：三民書局股份有限公司，1971

是誤解朱子用心。總地來說，錢穆先生對於朱子之以讀書進行修養的效果是肯定的，他表示：「朱子教人讀書工夫，即是養心工夫，又即是處事工夫。養得此心，自能讀書，自能處事。」〔註13〕則讀書以養心爲主，養心之後而又能持續讀書，二者交替運作，持續修養精進，故得謂朱子的讀書法爲一「內外交相養」〔註14〕的工夫。而此工夫之所以能夠成立則在於「我心與聖賢心本無二致，聖賢之心見於方策，我之讀書，正爲由書以求聖賢之心，亦不啻自求我心也。」〔註15〕

二、唐君毅先生對朱子讀書法之理解

　　唐君毅先生在《中國哲學原論・原教篇》中，也將朱子的讀書與格物同樣視爲修養之事，但相較於錢穆先生的理解，唐君毅先生顯然更照顧到朱子哲學本身的架構，這或許和唐君毅先生注意到朱子論心時涉及氣的問題有很大關係，因此唐君毅先生在討論朱子的讀書法時，很能注意到讀書法本身的實踐性格，而有以工夫的意義來解釋讀書法。

　　唐君毅先生認爲朱子讀書固然重視客觀的了解，但這並非是朱子將焦點擺放在知識上，重點仍然在理上、在道德之是非上，〔註16〕因此說：「朱子之爲學，明是志在學聖賢，以使生命爲一『赤骨立底天理』……」〔註17〕讀書本涵蓋於學中，這顯然將讀書法由認知意義的位置拉向道德的位置。然而這種說法並不只是把讀書一事視作修養工夫的輔助方法，唐君毅先生認爲：「依朱子之此類之言，則讀書本身即是做事，讀史而知其所記之事之是非，其本身亦所當爲之事。」〔註18〕此處更進一步地指明，對於朱子來說，讀書這件

年），冊3，頁670。

〔註13〕見錢穆：《學籥》，《錢賓四先生全集》（台北：聯經出版公司，1998 年），冊24，頁29。

〔註14〕見錢穆：《學籥》，《錢賓四先生全集》（台北：聯經出版公司，1998 年），冊24，頁29。

〔註15〕見錢穆：《朱子新學案・朱子讀書法上》（台北：三民書局股份有限公司，1971 年），冊3，頁615。

〔註16〕見唐君毅：《中國哲學原論・原教篇》（台北：台灣學生書局，1990 年 9 月），頁266。

〔註17〕見唐君毅：《中國哲學原論・原教篇》（台北：台灣學生書局，1990 年 9 月），頁263。

〔註18〕句中所謂「此類之言」指朱子論讀書方法之言。見唐君毅：《中國哲學原論・原教篇》（台北：台灣學生書局，1990 年 9 月），頁266。

事並不是用來輔助我們，希冀由此以利於我們精進德行的一種工具，讀書的本身即是德行的一種實踐，故得以說它即是做事。並據此認為此義當可會通象山、陽明的外王工夫，而這是朱陸皆能肯定而無有衝突的。

除此之外，唐君毅先生也表示，朱子的讀書與格物都不是求諸於外的工夫，因為朱子的「性理之原超越地內在於心，以為本心之本體之義，朱子與陸王未有異。其與陸王之分別，唯在朱子於心之虛靈知覺，與其中之性理內容，必分別說。」〔註19〕由「性理之原超越地內在於心，以為本心之本體之義，朱子與陸王未有異」一語觀之，唐君毅先生顯然有視朱子之心為道德本體之義，而謂其同於象山，性、理皆得超越地內在於心。因此之故，唐君毅先生便認為：

> 朱子之即物窮理以致知，則要在緣吾人之心對外物之聞見，知物之實然之理，以使吾人應物之當然之理，皆呈顯于心之前，而此亦同時是使原「超越的內在于吾心之性理」，自呈顯于心之前。此即前所謂「即求諸外以明諸內」也。此其要則不在人之知其所已知，而在人之「知其所不知」。蓋朱子特有見于人之氣稟物欲之雜，而心恆昏蔽有所不知，故重此知其所不知之功夫也。〔註20〕

所以我們可以說朱子格物、讀書的工夫，實際上也就是「窮理之事，即知性之事」〔註21〕了。

三、牟宗三先生對朱子讀書法之理解

然而在牟宗三先生看來，朱子的讀書法卻隱涵著朱子未能明白其師李延平靜坐涵養的教誨。〔註22〕牟宗三先生認為朱子本人的生命氣質原來就不相應孟子的工夫系統，而且早年以禪學格義孟子的經驗經延平點醒後，〔註23〕

〔註19〕見唐君毅：《中國哲學原論・原教篇》（台北：台灣學生書局，1990年9月），頁274。

〔註20〕見唐君毅：《中國哲學原論・原教篇》（台北：台灣學生書局，1990年9月），頁286。

〔註21〕見唐君毅：《中國哲學原論・原教篇》（台北：台灣學生書局，1990年9月），頁271。

〔註22〕見牟宗三：《心體與性體》（台北：正中圖書股份有限公司，2005年3月），冊3，頁41。

〔註23〕見牟宗三：《心體與性體》（台北：正中圖書股份有限公司，2005年3月），冊3，頁33。

也可能是造成朱子無法了解師門由默坐澄心，以此超越的逆覺而體認天理、本心的工夫方法，故只能著眼於理一分殊的分殊處，專心於格物上做理會。

　　然而朱子若是能由人倫事項上下工夫，本來也可由此具體內容之充實以達致對天理的體認，進而由個體生命實踐來貞定此天理，始此理不為憑空虛懸的虛假之理，此何以延平有洒然冰釋與即身以求的工夫。〔註24〕這本來是要提醒學者勿只著眼於一個高懸的天理，從而忽略了人間的工夫，蓋道理本來就不是幽深玄遠，不應只在空泛的玄思上做工夫。但朱子因不契此理，遂於往後「不自覺中形成重點之轉移，因而于不自覺中亦形成義理間架之轉移。」〔註25〕因此，牟宗三先生曾就朱子教人拆穿光景一事，指出朱子之勸人勿憑空懸想理境，乃是「認知的拆穿，是認知地實見一理平舖，此是主觀地說為靜涵靜攝系統，客觀地說為本體論的存有系統下之一理平舖，此與延平說『日用處熟』、『體用合』，以及羅近溪所說之拆穿光景，道體平常，顯然異致。」〔註26〕牟宗三先生認為朱子並不真能理解延平所講的知解體察，因此說：「朱子自聞延平『理一分殊』以及『日用處純熟』之教後，不自覺將重點移轉至下學上達、格物致知，成為只是讀書法之切實平實後，遂將超越體證或內在體證之逆覺順成之路一併視為儱侗浮泛高奇新妙之說而忌諱之……」〔註27〕由此看來，牟宗三先生對於朱子這種「空頭的靜涵靜攝之體察」，〔註28〕而且「只向讀書切實詳細，字字不肯放過。」〔註29〕的修養工夫是抱持著懷疑的態度的，他說：

> 讀書，著書有何不可哉？但是「求放心」這一步本領的工夫卻非泛觀博覽、守書冊、泥言語所能濟事。雖不無助緣之效，然終非「做工夫底本領」。即緣，亦不能保其必為助，而很可成為違。故就本領

〔註24〕見牟宗三：《心體與性體》（台北：正中圖書股份有限公司，2005年3月），冊3，頁6。

〔註25〕見牟宗三：《心體與性體》（台北：正中圖書股份有限公司，2005年3月），冊3，頁38。

〔註26〕見牟宗三：《心體與性體》（台北：正中圖書股份有限公司，2005年3月），冊3，頁37。

〔註27〕見牟宗三：《心體與性體》（台北：正中圖書股份有限公司，2005年3月），冊3，頁40。

〔註28〕見牟宗三：《心體與性體》（台北：正中圖書股份有限公司，2005年3月），冊3，頁36。

〔註29〕見牟宗三：《心體與性體》（台北：正中圖書股份有限公司，2005年3月），冊3，頁36。

工夫言，此即是「支離」。「支離」者歧出之謂。……後來象山斥朱
子爲支離，亦是就本領工夫說，非泛言其爲支離也。〔註30〕

支離即不相應於本質的意思，因此牟宗三先生認爲朱子強調的讀書窮理對本
領工夫是沒有太大幫助的，並將此等工夫名之曰「順取」，以相對於孟子的「逆
覺」義：「這樣講工夫，我名之曰『順取的工夫』。我爲什麼說以『順取的工
夫』講道德不中肯呢？因爲這是混知識爲道德，把二者混在一起。」〔註31〕
又此等順取工夫若展現在朱子格物之教上，即成一就事事存在之然而推究其
所以然，將心與物平置以推證超越的根源的格物論，牟宗三先生稱其爲「泛
認知主義」的格物論。〔註32〕對於朱子欲以此成德，牟宗三先生給出這樣的
批評：

當人汩沒陷溺于利欲之私、感性之雜之中而喪失其本心時，又如何
能求有以復其本心？答此問題誠難矣哉！其難不在難得一思考上之
解答，而在雖得一思考上之解答而不必眞能復其本心使之頓時即爲
具體之呈現。……此一問題，說到最後，實並無巧妙之辦法可以使
之「復」。普通所謂教育、陶養、薰習、磨練，總之所謂後天積習，
皆並非本質的相干者。但唯在積習原則下，始可說辦法，甚至可有
種種較巧妙之辦法，但這一切辦法，甚至一切較巧妙之辦法，到緊
要關頭，仍可全無用。此即示這一切辦法皆非本質的相干者。說到
本質的相干者乃根本不是屬於辦法者，此即示：說到復其本心之本
質的關鍵並無巧妙之辦法。〔註33〕

縱使讀書法字字句句皆要吾人落在道德涵養下用工夫，但若不能正視本心即
是理體，我們所夙夜匪懈者很可能只能是一種積習的工夫，非眞能相應本質
邁進，縱使得於本質邁進，能否到達亦很可疑，因爲此間仍如牟宗三先生說
的：「由積習到覺悟是一步異質的跳躍，是突變。光是積習，並不能即引至此
跳躍。」〔註34〕而讀書與成聖間的關聯，確實是不易答覆的一個問題。

〔註30〕見牟宗三：《心體與性體》（台北：正中圖書股份有限公司，2005 年 3 月），冊
3，頁 122。
〔註31〕見牟宗三：《中國哲學十九講》（台北：台灣學生書局，1983 年 10 月），頁 395。
〔註32〕見牟宗三：《中國哲學十九講》（台北：台灣學生書局，1983 年 10 月），頁 385。
〔註33〕見牟宗三：《從陸象山到劉蕺山》（台北：台灣學生書局，1979 年 8 月初版），
頁 164。
〔註34〕見牟宗三：《從陸象山到劉蕺山》（台北：台灣學生書局，1979 年 8 月初版），
頁 165。

　　從以上錢、唐、牟三位先生對朱子讀書法的理解與詮釋來看，我們可以發現三位先生所涉及的角度雖然各有不同，但都以朱子確實有意藉著讀書來達到主體自身道德修養的目的。然而對於朱子的期望是否有效，三位先生確有著不同的看法。簡言之，三位前輩先生的說法實可粗分兩大類，即以錢穆先生與唐君毅先生為主的，皆能肯定朱子的讀書法有做為涵養工夫成效的理解；以及由牟宗三先生主張的，認為朱子的讀書方法只能看做不相應於道德本質的一種認知意義的工夫。同樣深研朱子學多年的前輩先生們，對於朱子的讀書法卻得出如此不同的理解，這顯然關涉到三位先生各自對於朱子理論的不同詮釋，以及在理解讀書法時各人重心擺放的問題，而這些不同的關注，正好為我們延究朱子讀書法提供了重要的啟發。因此當代學人對於朱子讀書法與工夫論的研究，雖然因著時代關懷的變遷，而或以不同方法做為朱子學面貌的展示，或進一步補充之、發明之，乃至批判諸先生的觀點。但這些其實皆可視為立足於諸先生的討論上再進一步的成果。因此，我們於分析朱子讀書法的意義前，預先介紹三位先生的理解與詮釋，亦有助於我們接下來的討論。

第三節　研究範圍與方法

　　朱子文獻中有關工夫、方法的敘述繁多，本文的討論範圍集中在朱子工夫論中有關讀書法、格物致知以及持敬這三個部份。並以讀書法的理解作為探討格物致知、持敬涵養等工夫問題的基礎。

　　本文討論的焦點雖然集中在讀書法的理解，以及讀書法與修養工夫的聯繫與作用，進而以此導向格物致知與持敬等工夫論本身的問題，故以朱子的工夫論作為論文研究的重點。但如果我們要探討朱子的工夫，自然也不能對其心性論、理氣論沒有基本程度的了解。因此，在程序上，我們先由第二章對朱子論心的介紹作為起點，而以此思考朱子哲學中重要理論架構與心、性、理、氣等名義，來進行概觀的背景介紹。杜保瑞先生曾說：「宋明儒學各家的理論建構性格是轉換在幾個不同的哲學基本問題意識上的創作。」〔註35〕在朱子學中，關於心的概念尤其重要，如錢穆先生即表示：「縱謂朱子之學徹頭

〔註35〕見杜保瑞：《北宋儒學》(台北：台灣商務印書館股份有限公司，2005年4月)，頁3。

徹尾乃是一項圓密宏大之心學，亦無不可。」〔註36〕因此在這個部分裡，我們將側重於朱子哲學中關於心的問題的概念界定，因為朱子論心的意義與釐定，實際上可以關涉著整個工夫論的發展方向，所以我們對於讀書法的意義與格物致知、持敬涵養工夫的理解均須以此作為基礎，也由此展開。

在第三章中，我們以博學、精熟、虛心、讀書次第還有切己等反復為朱子於讀書法中提及的概念作為該節主軸，並由具體操作、精神準備、核心觀念的略分，來將這五個概念權分三個部份以便於討論的進行；同時我們也將圍繞或者牽連於此主軸的十二項與讀書法相關的議題或個別概念整合其中，由較具體的工夫操作開始，逐步向內收束而逼近理論的核心要求。以期待我們能於博學而至切己的逐項說明過程中，展示出一條明確工夫實踐的方法。

第四章中，我們順承讀書法的討論，將由前兩章挖掘出來的各個觀念與結論結合至工夫實踐上進行思考。我們選擇格物致知與讀書法做為結合，主要原因有二：首先，我們注意到格物教法是朱子學中最重要的工夫；其次，讀書法本身正是格致工夫中的具體操作的一個項目。我們由讀書法的觀察中所獲得的思考重新投入格物致知的工夫中，並順著格物致知與持敬工夫的關聯，討論到朱子學中的動力來源問題，已由上一章中關於道德的認識理由，推展到道德如何可行問題，來完成我們對於朱子工夫的討論。

經由詮釋學的提醒，我們了解任何理解總是有詮釋者自身的前理解介入，在論述過程中絕對的客觀是難以達成的，而我們也本不當將這種詮釋者自身的歷史視為是解讀文本時的一種問題、一種侷限，而當視其反映了某種相映於時代意義的詮釋。當然，我們仍應致力於恢復被解讀者的原貌，不當以詮釋只能有不同的理解為藉口，而流為相對主義。在這點的追求上，我們採取的方法是尋求歷史性的幫助，以通過被詮釋者的歷史作為詮釋者詮釋時的限制。這裡我們談論的「被詮釋者的歷史」，並不全然是指被詮釋者所處的具體歷史環境，當然，不可否認的，就發生歷程而言，這類探究無疑是深具意義的，就中國傳統的學者而言，他們的思想時常關聯著社會問題，哲學思辨往往反映於社會實踐上，因此「視其所以，觀其所由，察其所安」〔註37〕

〔註36〕見錢穆：《朱子新學案・朱子論心與理》（台北：三民書局，1971年），冊2，頁1。

〔註37〕見朱熹集註：《四書集註・論語・為政》（台南：大孚書局，2000年2月），頁9。

多少能還原思想家的精神本色，但是這樣的研究方法多少容易引起兩個毛病，首先歷史事件的排列與分析不見得能為我們建立起被詮釋者的理論模型，甚至找出其關注的焦點。再者，理論建構與行為實踐之間本無必然的保證，這不是可逆推的過程。這樣的研究方法應當是傾向於討論歷史發展中的哲學，而非針對哲學問題本身的討論。因此，在本文研究的方法上，主要仍是以原典的分析、解讀為先，並適時參照前人的研究成果來進行討論。

　　至於上述所謂的通過歷史給定畛域，我們所偏重的乃是被詮釋者的學思歷程，而訂定這樣的範圍限制是為了避免過於主觀的問題，因此我們除了追溯被詮釋者的個人的心路歷程外，也參考了同時代人物對其相關議題的理解，以進一步把握被詮釋者的歷史畛域，在自制的同時也得以儘量接近被詮釋者思想於其歷史中的樣貌。舉例來說，在第二章對朱子論心涵義進行分析時，我們即以朱子個人對中和問題的參究作為分析的引導，來見其對心的理解；除此之外，我們也參考了朱子高足陳淳對師說的闡發。我們以為只有在這樣的規定下，我們針對其哲學問題的討論，才不至於成為空疏無本的漫談。

　　此外在各章實際的處理手法上，在第二章與第三章中，我們著重於分析法，至於第四章則偏向綜合法。除此之外，我們也利用比較法的對照方式，去參照不同的哲學系統，幫助我們解釋朱子學中的某些概念，並以此彌補分析與綜合法於部分議題討論上的不足，也從而凸顯朱子哲學的個人主張，並由此點出其學思性格。應當提前說明的是，要能進行比較，則必須有預先分組的設計，因此，本論文預設了孟子哲學思想中盡心知性知天〔註38〕的心性天一貫的主張，為先秦儒學綱宗。至於在西方哲學上，我們有以康德的道德哲學、詮釋學等概念作為對照，除了彰顯中西哲學的差異外，亦藉此探尋二者會通的可能性。

第四節　朱子的生平與思想傳承

　　身處南宋，距今八百多年前的朱熹（西元 1130～1200 年），是繼北宋五子以來的重要思想家。而其哲學思想對於後世亦有著極大影響，自朱子之後，

〔註38〕孟子曰：「盡其心者，知其性也。知其性，則知天矣。存其心，養其性，所以
　　　　事天也。殀壽不貳，修身以俟之，所以立命也。」見朱熹集註：《四書集註・
　　　　孟子・盡心上》（台南：大孚書局，2000 年 2 月），頁 187～188。

歷來學者不論贊成與反對，均不得繞過其系統，因此，學者自南宋以來，或繼承其說以爲儒學正統，或批評其意以顯自家說法，凡此均見朱子學之不容忽視，是研究宋明理學的學者必須通過的道路。加以歷代奉爲官學後，〔註39〕其影響力益加顯著，更遠播東亞各國，如日、韓等國均有宗朱大儒。

朱子學體大思精，然而發展過程亦有不少轉折，若能掌握演變過程的轉折處，相信於朱子學的了解上能有所幫助，因此，本節也藉著對朱子個人生平敘述，略加說明。〔註40〕

朱熹字元晦，一字仲晦，號晦庵、晦翁。祖籍徽州，南宋高宗建炎四年九月生於福建尤溪，卒於寧宗慶元六年。朱子幼年從學於父，父朱松，字喬年，號韋齋。韋齋曾與李延平師事羅豫章，豫章乃程門高足楊龜山弟子。由此看來朱子於年輕時所受的家庭教育，便有二程的思想淵源。及十四歲，父歿，朱子遂稟遺命，受學於胡原仲、劉致中、劉彥沖三人，據《宋元學案》此三人所學雖遠承程門，但「不能不雜于禪」，〔註41〕朱子本人也說：「籍溪（胡原仲）學於文定（胡安國），又好佛老。……屏山（劉彥沖）少年能爲舉業。……歸家讀儒書，以爲與佛合，故作〈聖傳論〉。」〔註42〕如此推想，少年時代的朱子於佛老之學應當多有耳聞，朱子還曾表示：「某年十五六時，亦嘗留心於此。一日在病翁所會一僧，與之語。其僧相應和了說，也不說是不是；卻與劉說，某也理會得箇昭昭靈靈底禪。……及去赴試時，便用他意思去胡說。是詩文字不似而今細密，由人粗說，試官爲某說動了，遂得舉。」〔註43〕從這裡看來，年輕時的朱子確實有過出入佛老的經驗。

只是這種經驗卻隨著二十四歲時，初次往見李延平而發生改變。延平，名侗，字愿中，是龜山道南一系。朱子見了延平後，方逐步專心於儒學，〔註44〕

〔註39〕據《宋史・朱熹傳》朱子之學於南宋寧宗時雖有「僞學」之誣，卻於理宗時已升爲學官。至元代更立爲官學，進入科考。

〔註40〕此處依據的文獻主要爲：黃榦〈行狀〉、《宋史・朱熹傳》、王懋竑〈朱子年譜考異〉、錢穆《朱子年譜要略》與近人若干有關朱子生平考訂資料。

〔註41〕見黃宗羲原著，全祖望補修：《宋元學案・劉胡諸儒學案》（臺北：華世出版社，1987年9月），冊2，卷39，頁1395。

〔註42〕見黎靖德編：《朱子語類》（北京：中華書局，2004年2月），冊7，卷104，頁2619。

〔註43〕見黎靖德編：《朱子語類》（北京：中華書局，2004年2月），冊7，卷104，頁2620。

〔註44〕如《語類》之謂「李先生爲人簡重，卻是不甚會說，只教看聖賢言語。某遂將那禪來權倚閣起。意中道，禪亦自在，且將聖人書來讀。讀來讀去，一日

且於分殊之理上下得工夫。只是過去的經歷卻成了朱子此後排佛批禪時的一種反應，甚至可能形成心理上的忌諱，故朱子終身反對即心言理、本體自證一路，這與早年的參禪經驗或許有著某種程度的關係，不能不加留意。而延平對於朱子的影響卻不止於此，據朱子的說法：「李先生教人，大抵令於靜中體認大本未發時氣象分明，即處事應物，自然中節。此乃龜山門下相傳指訣。」〔註45〕前說延平是道南一系，道南一系多重未發之際的本心體察，朱子此處所說確實不誤，因而朱子於三十一歲正式受學於延平後，遂開始了參究中和問題的過程。

三十四歲冬，延平歿。朱子順著師門遺教而開始獨自思考《中庸》的中和問題，並於三十八歲那年於潭州訪問張南軒。南軒，名栻，是胡五峰的弟子。朱子這趟歷時兩個月的訪問行程，對於中和問題的發展大有所得，次年，〔註46〕朱子便在與南軒往返的書信中完成了所謂的「中和舊說」。舊說主張有一寂然本體，而此本體隨處發現，不少停息，故吾人得即於此處致察、操存之。而此本體即中體、性體，並以心爲此性體之發用，故此時有以未發爲性，已發爲心的觀點。〔註47〕但是到了四十歲那一年，朱子因與蔡季通論已發未發，忽然自疑，從而著手完成了「中和新說」，新說之意，大抵就心上論中和，以爲未發時是心統貫乎性；已發處是七情迭用，而以心爲主。〔註48〕

在歷經舊說到新說的過程後，朱子學的規模已定，爾後〈仁說〉成書，〔註49〕其內容大致上環繞著心性情三分的架構展開，遂有以愛之理言仁，

復一日，覺得聖賢言語漸漸有味。卻回頭看釋氏之說，漸漸破綻，蜂漏百出！」見黎靖德編：《朱子語類》（北京：中華書局，2004 年 2 月），冊 7，卷 104，頁 2620。

〔註45〕見朱杰人，嚴佐之，劉永翔主編：〈答何叔京〉，《晦庵先生朱文公文集》，《朱子全書》（上海：上海古籍出版社，安徽教育出版社，2002 年 12 月），冊 22，卷 40，頁 1802。

〔註46〕這裡涉及一個考據問題，學界未有定論。清人王懋竑以爲舊說當成於丙戌，是年朱子三十七歲；近人如錢穆、劉述先……等學者則以爲當成於戊子年，是年朱子三十九歲。

〔註47〕參考〈與張欽夫〉自注非是、〈與張欽夫〉自注尤乖戾。見《晦庵先生朱文公文集》，《朱子全書》（上海：上海古籍出版社，安徽教育出版社，2002 年 12 月），冊 21，卷 30，頁 1315～1317。

〔註48〕參考〈與湖南諸公論中和第一書〉。見《晦庵先生朱文公文集》，《朱子全書》（上海：上海古籍出版社，安徽教育出版社，2002 年 12 月），冊 23，卷 64，頁 3130～3131。

〔註49〕〈仁說〉成書年代亦有考據問題，學界未有定論。如牟宗三以爲開始於四十三歲，完成於四十六、七年間（《新體與性體（三）》）；劉述先以爲朱子四十

視仁爲心之德的理解。〔註 50〕又我們從〈仁說〉對於「物我爲一」批評與
「覺不可以訓仁」的強調來看，可以察覺此時的朱子已然照著程伊川的義理
規模前進，而獨立走出不同於明道一脈的儒學路徑。

〈仁說〉是在與湖湘學者論難下完成的，朱子一生中與同時代學者時有論
辯，最爲人知的莫過於孝宗淳熙二年的鵝湖之會。是年朱子四十六歲，因呂祖
謙來訪，兩人共同編成《近思錄》，《近思錄》主要記載北宋周、張、二程四子，
由其編排內容亦頗能見出朱子思想的特色，如書中二程所佔篇幅高達五分之
四，〔註 51〕即可見出朱子對洛學之重視；若由此種轉錄傳述，欲再現經典原意，
以之作爲摹仿前人爲學進階的精神來看，朱子重視仿傚前賢的態度，〔註 52〕表
面上似乎與「學苟知本，六經皆我註腳」〔註 53〕的象山學大異其趣。而伯恭本
來有意調和朱陸之說，遂於此次訪問中邀請朱子與陸九淵兄弟相會於信州鵝湖
寺。但會中朱陸二人針鋒相對，並無一致結論，因此鵝湖之會的發展不僅未如
伯恭期待，反而加劇了朱子與象山間的歧見，進而導致朱子之指象山學爲禪學。

朱子晚年遭受汙衊，被權臣韓侂胄指爲「僞學」，幾乎面臨生死危機，卻
仍與門人講學不輟，自謂：「熹連年疾病，今歲差勝，然氣體日衰，自是無復
彊健之理。所幸初心不敢忘廢，亦時有朋友往來講習。僞學汙染，令人恐懼，
然不得辭也。」〔註 54〕哲人生命在風雨中愈見剛強，其於病歿前仍著手修改
《大學》誠意章，可見其一生著述、講學均不稍息，對於弘揚儒道不遺餘力。

　　　　四歲時（《朱熹哲學思想的發展與完成》）；陳榮捷以爲是四十二歲左右（《朱
　　　　學論集》）；金春峰以爲是四十三歲（《朱熹哲學思想》）……等。
〔註 50〕參考〈仁說〉。見《晦庵先生朱文公文集》，《朱子全書》（上海：上海古籍出
　　　　版社，安徽教育出版社，2002 年 12 月），冊 23，卷 67，頁 3279～3281。
〔註 51〕見田浩：《朱熹的思維世界》（台北：允晨文化，1996 年 5 月），頁 166。
〔註 52〕見李紀祥：《《近思》之「錄」與《傳習》之「錄」》，《人文學報》期 20、21
　　　　（桃園：國立中央大學文學院，1999 年 12 月～2000 年 6 月），頁 88。
〔註 53〕見陸九淵著：《陸九淵集》（北京：中華書局，1980 年 1 月），卷 34，頁 395。
〔註 54〕見朱杰人、嚴佐之、劉永翔主編：〈與暖亞夫〉，《晦庵先生朱文公文集》，《朱
　　　　子全書》（上海：上海古籍出版社，安徽教育出版社，2002 年 12 月），冊 23，
　　　　卷 63，頁 3050。

第二章　朱子論心的涵義

　　中國哲學重視實踐，而在實踐意義的要求下心性論與工夫論是彼此交互影響的。本章做為進入讀書法與修養工夫的背景，將先由文獻的回顧中展開，並循著朱子對於中和問題的思考，以及心性二分與理氣不離不雜關係的討論，來重新思考朱子對於心的理解，以做為爾後兩章詮釋的基礎。

　　在〈仁說〉提出後，朱子依據「人之為心，其德亦有四，曰仁義禮智，而仁無不包。其發用焉，則為愛恭宜別之情，而惻隱之心無所不貫。」〔註1〕的想法，完成其心統性情—仁是心所具之性理，情是心所發之用—的性心情三分架構。而我們在意的除了此系統中關於心的位置與概念應如何規定，並且其規定對於朱子的整個道德學系統的影響外，我們也期待能找出朱子此種分辨、規定中的意義，同時在心性論與工夫論二者間存在著交互影響的想法下，我們認為朱子所以導出此種系統，當有其對於成德工夫的關懷，及個人於心性修養上的獨特體認。畢竟治學嚴謹的朱子是否真的未能察覺心性二分所將引發的問題，因而造成自己的理論系統留下許多難以解決的遺憾，我們或許應當抱持保留的態度。因此，這裡我們不直接以朱子學做為一種儒學系統中的旁出，以為觀察朱子論心的切入角度，但這樣的思考並非要刻意忽略此系統中原有的邏輯真假，而是嘗試貼近朱子的同情的理解，若順此脈絡，也能在氣強理弱義的關懷下，找到朱子對現實世界的關注焦點，並以此重新

〔註 1〕 見朱杰人，嚴佐之，劉永翔主編：〈仁說〉，《晦庵先生朱文公文集》，《朱子全書》（上海：上海古籍出版社，安徽教育出版社，2002 年 12 月），冊 24，卷 75，頁 3634。

思考朱子論心的立場與其種種論述的背後意義。唯有如此，我們閱讀朱子留下的文本時，才不至於混淆在眾多抱持心性二分的立場，卻又彷彿隱含本心色彩的語句中，遂直接視釭為朱子一時不達的含混未察。如此才能進而思考此中是否有其獨特的用心，其關懷所致。

詮釋的價值本隨著歷史環境而有不同的意義，漢儒通經致用而旁雜陰陽五行，宋儒排佛貶老而能發揮新意。在這樣的討論下，我們期待能於朱子學中發覺其有助於回應每一時代的不同需求。

第一節　諸家對朱子論心意義之理解

近人研究朱子的論文、專著數量極為可觀，即便累積篇目，亦足以集結成冊。因此，這裡我們無法一一進行介紹，而此種活動亦非本文主題重心，故在本節中，我們僅針對幾位研究朱子學卓然有成的重要前輩學人，以他們對於朱子論心的理解，進行簡單的說明，權做學術界在朱子論心意義上的幾種理解與發展的回顧。當然，選擇中亦難免有掛一漏萬的問題，因此我們於往後各節的討論中，仍然隨文引述朱子學相關的研究議題與當代學者的成果，以為各處討論問題的引導與線索，或許可以補充本節未能言及的研究發展與相關內容。

在上一章中，我們曾簡述過近人對於朱子讀書法的研究概況，該處亦曾論及錢、唐、牟三位先生對朱子學的相關詮釋，此處再論朱子之心，文字間難免與讀書法處略有重複，但兩相對照，亦可互相發明。

一、唐君毅先生對朱子論心意義之理解

唐君毅先生在《中國哲學原論·導論篇》〔註2〕中，根據朱子〈答張欽夫〉書：「未發之前，是敬也，固已主乎存養之實；已發之際是敬也，又常行乎省察之間。」〔註3〕與《大學》首章，解「明德」為「明德者，人之所得乎天，而虛靈不昧，以具眾理，而應萬事者也。」〔註4〕及陳淳於《北溪字義》言心

〔註2〕 以下簡稱《導論篇》。

〔註3〕 見朱杰人，嚴佐之，劉永翔主編：〈答張欽夫〉，《晦庵先生朱文公文集》，《朱子全書》（上海：上海古籍出版社，安徽教育出版社，2002年12月），冊21，卷32，頁1419。

〔註4〕 見朱熹集註：《四書集註·大學》（台南：大孚書局，2000年2月），頁1。

等文句，認爲朱子言心，是「具眾理而一性渾然，道義全具」〔註5〕者，此中所說之理，當指太極之理，我們若依朱子性即理的思維，便可以說此心是具著太極之理以爲吾人之性，此是唐君毅先生對朱子之「心具眾理」的理解方式。若順著這樣的意思，往前推衍，則前面所說的心具性理，也就同時含有「人之有此心者，能自覺其內具此理爲其性，而自盡其心以知之」〔註6〕的涵義。這也可用來解釋，人與物雖然都是稟氣而生，同樣具備天予我之性，但爲何人能知性而物卻不能。爲了回答這個問題，這裡便藉由心的知覺來說明人與物之間的差異，即以二者的不同在於人有此心遂能知覺，而物無此心故不能知覺，所以人能具理以盡性，而物不能。〔註7〕此外，這顆具理的心，因爲它虛靈不昧地能知能覺，所以它能依著本性而發用於氣之上，若是如此，我們當可說，朱子的心具有主宰義，因此它能「使性理之體見於七情，七情之用止乎理。」〔註8〕

　　我們觀察到唐君毅先生認爲朱子的心的核心價值是以虛靈不昧的知覺爲首，因著知覺之能，心方可自覺到吾人本有的內在之性，同時可以順性起用，見於七情。就這一點來說，這裡便有以性理爲體，以情與氣之成物爲用的一種體用思考。故說唐君毅先生是通過體用義，說明朱子之心與理、與氣三者間的關係，而心無疑是通貫理氣，具有價值創造的能力與主宰力。因此唐君毅先生又說：「人之所以事天，使人德與天德共流行；而亦人之所以立人極以配太極，以使此太極之天理與人之性理，由人之盡心以實現其未嘗二者也。此即朱子之天人合一之聖學之精義所存。」〔註9〕此中天人合一的可能性，乃由盡心一事做爲一切可能的保證，那麼心的主體的意義，也再明顯不過了。然而問題是，如果朱子之以心爲主體，是否也就是把心視作能起道德創造義的本心？如果朱子眞有以心爲本心的意義，那麼何以朱子又會說心爲氣之

〔註5〕見唐君毅：《中國哲學原論・導論篇》（台北：台灣學生書局，1986年9月），頁500。

〔註6〕見唐君毅：《中國哲學原論・導論篇》（台北：台灣學生書局，1986年9月），頁501。

〔註7〕見唐君毅：《中國哲學原論・導論篇》（台北：台灣學生書局，1986年9月），頁501～502。

〔註8〕見唐君毅：《中國哲學原論・導論篇》（台北：台灣學生書局，1986年9月），頁500。

〔註9〕見唐君毅：《中國哲學原論・導論篇》（台北：台灣學生書局，1986年9月），頁500。

靈？順著上段的脈絡，唐君毅先生自然要設法解釋這一個必然要被引出來的問題。對於這個問題，唐君毅先生反省到：

> 言心爲主宰，此心必有別於身，而心亦決不可只視同於身之氣之靈。至如謂心爲心氣之靈，則不成辭。以心之氣乃屬於心，心氣之靈，即指此心之昭明靈覺或虛靈不昧者，而非有他也。若然，則何不徑以此昭明靈覺或虛靈不昧者指心何必以氣之靈爲說，以納心於氣，而使之屬於氣乎？〔註10〕

面對心爲「氣之靈」的問題，唐君毅先生做了上述分析。首先唐君毅先生認爲朱子視心爲氣之「靈」這樣的說法，是側重在心與理的關係上說。〔註11〕但是唐君毅先生更要檢別此心之爲氣之靈，究竟是就「心之貫徹周流之於氣」，〔註12〕然後在心之呈用處說「氣之靈」；還是將「此心視爲身之氣之靈」，將身、心一同放在這一層次上說。就後者而言，如果說心與氣俱屬同層，那麼心又如何能在氣中作主，故此唐君毅先生說心必當有別於氣，否則不符前述的主宰義。然而若就前者來說，以「心之貫徹周流之于氣」的狀態來說心是「氣之靈」，那麼唐君毅先生便要問朱子「何不徑以此昭明靈覺或虛靈不昧者指心」，卻要把「氣之靈」來說心？因此關於朱子以心爲「氣之靈」的看法，唐君毅先生認爲是有一些問題的。接著唐君毅先生又通過朱子說：「心之理是太極，心之動靜是陰陽。」〔註13〕是以陰陽二氣之靈動言心之靈覺，來推論朱子言心爲「氣之靈」是就「身之氣之靈」上說。這麼一來朱子的此種思考，便將使得前述一心「道義全具」的義理模型發生變化，因此唐君毅先生繼續分析到：「朱子之謂此心屬於氣，只爲氣之靈，又必使理超越乎心而不內在於心。」〔註14〕因爲心與理既然已經分屬兩層，則二者自然會被割落兩邊，說到盡處，「先於氣之理，盡可虛懸而無着，此心亦無理由，謂此理之實有。」

〔註10〕見唐君毅：《中國哲學原論‧導論篇》（台北：台灣學生書局，1986 年 9 月），頁 503。

〔註11〕見唐君毅：《中國哲學原論‧導論篇》（台北：台灣學生書局，1986 年 9 月），頁 503。

〔註12〕見唐君毅：《中國哲學原論‧導論篇》（台北：台灣學生書局，1986 年 9 月），頁 503。

〔註13〕見黎靖德編：《朱子語類》（北京：中華書局，2004 年 2 月），冊 1，卷 5，頁 84。

〔註14〕見唐君毅：《中國哲學原論‧導論篇》（台北：台灣學生書局，1986 年 9 月），頁 514。

〔註15〕

　　這是唐君毅先生在《導論篇》中，對朱子論心的詮釋，在這裡，我們可以說唐君毅先生對於朱子的心是否真有對於氣而說的主宰義、或內具性理的看法皆表示懷疑，然而到了《中國哲學原論・原性篇》〔註16〕時，唐君毅先生對朱子的心性論，似乎有了不同的思考，或者更精確的說，乃是關注重點上的轉移。

　　在《原性篇》中，唐君毅先生進一步由上述言心與理、與氣（情）的關係上，指出朱子承著張橫渠的心統性情之言，更有心兼寂感的發揮。〔註17〕至於一心何以能兼有寂感兩面，則因此心本是虛靈不昧。唐君毅先生說：「虛言其無形，心即以其無形之虛，而寂然不動，以上通於內具之無形之理；更以其靈，以感而遂通，更不滯於所感之物，而得顯其內具之生生不息之理之全，而不陷於一偏……」〔註18〕如此推想則朱子之心不僅主宰之義可說，在上通內具之理一義下，似有心即於理且偏向主體義可說，這便近似前一章唐君毅先生論朱子之讀書、格物，而有「性理之原超越地內在於心，以為本心之本體之義，朱子與陸王未有異」的意思，然而如此一來，唐君毅先生在《導論篇》中就朱子「氣之靈」之論述而析心、理為二的結論又該如何看待。對此唐君毅先生也再次反省了朱子氣之靈的說詞，而認為朱子若就純心性論觀點來看（內觀），因虛靈不昧本體自存，本來無需關聯氣，故不當如此說心為「氣之靈」、「氣之精爽」；只是，朱子由客觀的宇宙論觀點來談（外觀），則人之心自然要有其表現於氣的說明。唐君毅先生表示朱子苟能順其內觀，自亦可深入向上，同歸於陸王之心即理一路，〔註19〕也唯有此路方見得朱子論心主宰之實義，而見其心「乃一理氣之中介之概念，亦一統攝之概念」。〔註20〕

〔註15〕見唐君毅：《中國哲學原論・導論篇》（台北：台灣學生書局，1986年9月），頁514。
〔註16〕以下簡稱《原性篇》。
〔註17〕見唐君毅：《中國哲學原論・原性篇》（台北：台灣學生書局，1989年11月），頁397～398。
〔註18〕見唐君毅：《中國哲學原論・原性篇》（台北：台灣學生書局，1989年11月），頁398。
〔註19〕見唐君毅：《中國哲學原論・原性篇》（台北：台灣學生書局，1989年11月），頁400。
〔註20〕見唐君毅：《中國哲學原論・原性篇》（台北：台灣學生書局，1989年11月），頁415。

二、牟宗三先生對朱子論心意義之理解

　　牟宗三先生對朱子心性理論的評述，主要散見在《心體與性體》三巨冊與《從陸象山到劉蕺山》一書，在《心體與性體》第三冊裡，牟宗三先生更花費了全書的篇幅來描述朱子哲學，並以此釐清朱子哲學系統爲孔孟儒學之「歧出」之意義，而這自然也成爲了牟宗三先生對於宋明儒學的重要創見之一。

　　牟先生認爲朱子對於心之意義的體會當有過兩個階段的轉折，此是依據朱子對《中庸》中和問題討論，而加以分析、釐定。又牟宗三先生認爲在參究中和問題之前的這段時期，大體上是朱子本人思想的蓄積，其學術體系尚未建構完成，若完成，則有待中和問題的討論結束。〔註 21〕因此，以下所論牟宗三先生對朱子論心之理解，皆以朱子新說完成後的見解爲主。

　　首先，牟宗三先生以朱子「言性或太極之爲理，雖亦由『超越的所以然』而得保持其爲『存在之理』，但卻是靜態的，不能起生化之妙用的，即只是靜態地爲存在之理，而非動態地爲存在之理。實際在生者、化者、動者、靜者，只是氣，而理則只是在背後隨着其生、化、動、靜之事而靜態地定然而規律之，而爲其『存在之理』。」〔註 22〕換言之，朱子與象山雖然都能夠肯定性即理，但此朱子性即理的意義絕不與象山等同，蓋朱子之性與理本身並不具備直接的道德創生作用，理體的神化意義已旁落於氣上說，理體本身只是一靜態的超越所以然。在這樣的分析下，牟宗三先生進一步說：「性與太極之爲存在之理既如此，則心神俱旁落而屬之氣。依此，自宇宙論而言，則理與氣爲橫列的相對之二，（雖亦云理先氣後），自道德實踐而言，則心與性爲橫列的相對之二。因此，遂由太極性體之生物不測或道德創造之『本體、宇宙論的』立體直貫之創生型或擴充型，轉而爲認識論的橫列之靜涵型或靜攝型。」〔註 23〕由於性與理本身皆「只存有而不活動」，〔註 24〕故實現的原則便要旁落到心與氣上。換言之，牟宗三先生認爲朱子不僅減殺了性理的道德意義，又將

〔註21〕見牟宗三：《心體與性體》（台北：正中圖書股份有限公司，2005 年 3 月），冊
　　　　3，第一章至第四章。
〔註22〕見牟宗三：《心體與性體》（台北：正中圖書股份有限公司，2005 年 3 月），冊
　　　　1，頁 567。
〔註23〕見牟宗三：《心體與性體》（台北：正中圖書股份有限公司，2005 年 3 月），冊
　　　　1，頁 568。
〔註24〕見牟宗三：《心體與性體》（台北：正中圖書股份有限公司，2005 年 3 月），冊
　　　　1，頁 79。

本心下拉而與氣同層，以便承擔實踐活動的依據。牟宗三先生說：

> 依朱子中和新說書所表示之義理間架，心並不是道德的超越的本
> 心，而只是知覺運用之實然的心，氣之靈之心，即心理學的心；仁
> 義禮智本是性體中所含具之理，是實然之情之所以然之理；心之具
> 此理而成爲其德是「當具」而不是「本具」，是外在地關聯地具，而
> 不是本質地必然地具，是認知地靜攝地具，而不是本心直貫之自發
> 自律地具，此顯非孟子言本心之骨架。〔註25〕

這裡帶出另一個重要分判，即以朱子之心屬氣，而非孟子所言的道德本心，
故朱子之心不即是理，理成爲心的認知對象。接著牟宗三先生又依據朱子〈仁
說〉中：「吾之所論，以愛之理而名仁者也。蓋所謂情性者，雖其分域之不同，
然其脈絡之通，各有攸屬者，則曷嘗判然離絕而不相管哉？」而分析到：

> 此即是將一精誠惻怛之本心仁體支解而爲三項，「分域不同」，「各有
> 攸屬」。然「愛之理」則表示然與所以然之關聯，「心之德」則表示認
> 知的靜攝的關聯，心統性情則是心發而爲情即統情，心情爲一面，心
> 與性爲兩平行之外在的管攝之關聯，即統性，此即其所謂「脈絡之通」
> 而非「判然離絕」者也。……此合下是實在論之心態、分解對列的思
> 考方式之所凝結，乃漸教、他律、重智之道德系統也。〔註26〕

通過這些分判，牟宗三先生遂以朱子之學實際上僅承伊川的脈絡前進，對於
北宋濂溪、橫渠、明道等人的思想，並不能有眞切體會，故在宋明理學的分
系中，將伊川朱子別爲一系。〔註27〕同時若觀朱子於心性論、天道觀的議題
上的理解，亦可見其有別於孔孟、《易傳》、《中庸》等先秦儒家思想，故不得
不以之爲歧出了。〔註28〕

三、錢穆先生對朱子論心意義之理解

　　錢穆先生在《朱子新學案》中由心性、氣理類比，而指出「理氣既屬一體

〔註25〕見牟宗三：《心體與性體》（台北：正中圖書股份有限公司，2005年3月），冊
　　　　1，頁243。
〔註26〕見牟宗三：《心體與性體》（台北：正中圖書股份有限公司，2005年3月），冊
　　　　1，頁243。
〔註27〕見牟宗三：《中國哲學十九講》（台北：台灣學生書局，1983年10月），頁393。
〔註28〕見牟宗三：《心體與性體》（台北：正中圖書股份有限公司，2005年3月），冊
　　　　3。

兩分,則心與性,心與理,實亦可謂是一體兩分。」〔註29〕因此自此兩分義來說,則心是具理,不得謂心即是理,性只是存於心,而心不即是性,〔註30〕如此說心便有明昧、知覺從理不從理可言〔註31〕;但又因其一體義而言,則心與理本來相通合一。此可呼應錢穆先生論性時,以「理不能言感而性則有感,因性已落形氣中也。心無感便不見理,朱子謂亦是心中有此理方能感,心中有此理者即是性」〔註32〕之說。以上皆自心理如理氣可合可分之所謂,〔註33〕如此說來,錢穆先生雖然認為心與理可合著說,但究竟處仍是「心屬氣,不能不為氣所拘」,〔註34〕因此「如夷惠伊尹之為聖,與夫顏子之其心三月不違仁,此皆未能十分到達心即理之境界,必有門路節次講明體察工夫,而後可以企及,此則朱子論心之要端也。」〔註35〕換個角度來說,則朱子心理二分的思維亦有助於工夫教法之所立,而不若儘說心即理之全無工夫下手處。〔註36〕順此,錢穆先生又以工夫意義上,心之重要性有更勝於性者,以此謂之「心為氣之精爽」,因為性上無工夫可用,心卻能檢其性,此顯然不同於理氣論上,雖言氣強理弱,然氣亦管不得理的情況,在心性論中,工夫便可落在心上做。〔註37〕又錢穆先生也指出,兩分義之謂心性為二,亦有助於表示心之主宰義,因此朱子心與理的區分「不僅重在分性情為體用動靜,更重在主以心為管攝。」〔註38〕

〔註29〕見錢穆:《朱子新學案・朱子論心與理》(台北:三民書局,1971 年),冊 2,頁 1。

〔註30〕見錢穆:《朱子新學案・朱子論心與理》(台北:三民書局,1971 年),冊 2,頁 2。

〔註31〕見錢穆:《朱子新學案・朱子論心與理》(台北:三民書局,1971 年),冊 2,頁 3。

〔註32〕見錢穆:《朱子新學案・朱子論性》(台北:三民書局,1971 年),冊 1,頁 443。

〔註33〕見錢穆:《朱子新學案・朱子論心與理》(台北:三民書局,1971 年),冊 2,頁 5。

〔註34〕見錢穆:《朱子新學案・朱子論心與理》(台北:三民書局,1971 年),冊 2,頁 3。

〔註35〕見錢穆:《朱子新學案・朱子論心與理》(台北:三民書局,1971 年),冊 2,頁 3。

〔註36〕見錢穆:《朱子新學案・朱子論心與理》(台北:三民書局,1971 年),冊 2,頁 11。

〔註37〕見錢穆:《朱子新學案・朱子論心與性情》(台北:三民書局,1971 年),冊 2,頁 32。

〔註38〕見錢穆:《朱子新學案・朱子論心與性情》(台北:三民書局,1971 年),冊 2,頁 36。

四、陳來先生對朱子論心意義之理解

陳來先生認為朱子論心有所繼承，亦有所創發。就繼承的一面而言，陳來先生表示朱子許多的論心內容中甚至可以上溯至先秦時代的荀子思想，就創發的一面來說，朱子不僅吸收了前賢的理論，並給出許多具有個人特色的發展。〔註 39〕以下順著陳來先生的《朱子哲學研究‧心之諸說》一章，我們先由繼承處說起。

陳來先生認為「在朱熹哲學中心主要意義是指知覺」，〔註 40〕又為了幫助我們釐清心有知覺的意義，陳來先生將此區分為狹義的知覺與廣義的知覺二者。狹義的知覺也就是心的「能知覺」，意即針對吾人知覺之能力而說的心有知覺；廣義的知覺則是「所知覺」，這是側重於知覺能力的具體運用，例如：思維內容、心理活動等等。而朱子所以能有人心、道心的區分，陳來先生以為正是基於後者的立場而說，因為知覺能力本身無分善惡，能有合理與不合理的判斷必須著眼於思維主體的具體活動內容上。〔註 41〕然而以知覺說心只是就著認識作用的描述，朱子論心卻不止於此，我們注意到朱子還有以心為主宰的論述，朱子說：「夫心者，人之所以主乎身者也，一而不二者也，為主而不為客者也，命物而不命於物者也。」〔註 42〕從這段引文看來，朱子顯然有以心為主體，而有做為一身之主宰的意思在內，因此陳來先生分析說：「朱熹心為主宰的思想，從狹義方面看，指心對個體形體的器官、肢體的支配作用，……廣義地說，心為主宰的思想涉及到心與物、心與事的一些關係。」〔註 43〕陳來先生認為不論是狹義與廣義，均有承繼荀子思想之處，〔註 44〕而以心與事物的關係說心的主宰義，

〔註 39〕見陳來：《朱子哲學研究》（上海：華東師範大學出版社，2000 年 9 月），頁
　　　　220。

〔註 40〕見陳來：《朱子哲學研究》（上海：華東師範大學出版社，2000 年 9 月），頁
　　　　213。

〔註 41〕見陳來：《朱子哲學研究》（上海：華東師範大學出版社，2000 年 9 月），頁
　　　　213～214。

〔註 42〕見朱杰人，嚴佐之，劉永翔主編：〈觀心說〉，《晦庵先生朱文公文集》，《朱子
　　　　全書》（上海：上海古籍出版社，安徽教育出版社，2002 年 12 月），冊 23，
　　　　頁 3278。

〔註 43〕見陳來：《朱子哲學研究》（上海：華東師範大學出版社，2000 年 9 月），頁
　　　　215。

〔註 44〕陳來先生在此列舉了兩段摘自《荀子》書中的引文，對舉狹義、廣意的意思：
　　　　「心者形之君也」（《解蔽》），「心者形之君也，而神明之主也，出令而無所受
　　　　令。自禁也，自使也，自奪也，自取也，自行也，自止也。故口可劫而使默

除了可以解釋「命物而不命於物者」的命題外，同時也能呼應朱子哲學中，強調心能應萬事的主張，〔註45〕陳來先生進而表示，正是由於心的此種主宰意義，讓道德實踐活動主體的心，始終被擺放在修養工夫首要的位置上。此外，這個主宰的意思也可以關聯到心做為性情之主，做為理性自我控制的一種制約作用，〔註46〕而這樣的意思在心統性情的架構中，正好鮮明地被凸顯出來。

除了主宰的意思有承於荀子、《管子》外，陳來先生也指出朱子以虛明言心體，意思近於荀子「大清明」心的思想，〔註47〕至於朱子言心虛明的涵義，陳來先生闡述道：「心做為認識主體，本來是沒有偏蔽、沒有成見、沒有任何情緒干擾的。如果能夠經過一定方式的修養以保持這種本體的虛明，在認識和應接事物的時候就不會發生偏差。」〔註48〕因此「虛明」的概念雖然有著對於認識論主體描述的意義，但就其應接事物這點來觀察，卻是從重視人的道德實踐做為出發點。〔註49〕除了關於心之本體虛明的解釋外，陳來先生也在朱子以「虛靈」說心的講法上，討論到了「氣之靈」的問題。「氣之靈」是學者歷來爭論不休，至今仍未獲得公論的一個朱學重要問題，所以重要，正因為我們對於這個問題的理解往往涉及了朱子之心在理、氣間的歸屬問題，這點我們可以通過上述各家對於「氣之靈」一義的理解得到印證。而陳來先生則是首先反對黃宗羲、錢穆等學者以朱子之心為氣心的觀點，他指出：

> 關於虛靈，還涉及到心與氣的關係。朱子曾說：「性猶太極也，心猶陰陽也」，論者常由此而認定朱熹哲學中性即理、心則氣，如黃宗羲之《明儒學案》，近人錢穆之《朱子新學案》皆如此。這是不能成立的。太極陰陽之譬在朱熹只是用以說明心與性（理）的不離關係，不是以心為氣，就人之心臟而論，或可言氣（構成），然無哲學意義。

云，形可劫而使詘申，心不可劫而使易意。」（《解蔽》）。見陳來：《朱子哲學研究》（上海：華東師範大學出版社，2000 年 9 月），頁 215～216。

〔註45〕如「心者，人之神明，所以具眾理而應萬事者也。」見朱熹集註：《四書集註・孟子・盡心上》（台南：大孚書局，2000 年 2 月），頁 187。

〔註46〕見陳來：《朱子哲學研究》（上海：華東師範大學出版社，2000 年 9 月），頁 216。

〔註47〕見陳來：《朱子哲學研究》（上海：華東師範大學出版社，2000 年 9 月），頁 219。

〔註48〕見陳來：《朱子哲學研究》（上海：華東師範大學出版社，2000 年 9 月），頁 218。

〔註49〕見陳來：《朱子哲學研究》（上海：華東師範大學出版社，2000 年 9 月），頁 218。

而知覺之心不屬形而下者，不可言氣。……心爲知覺，知覺只是氣的一種能力或特性。〔註50〕

陳來先生以爲心之虛靈的「靈」是指：「心的運用的神妙不測而言，即意識活動及其變化的速度、範圍不受限制的特點，所以也叫做『心無限量』。」〔註51〕因而，看似落在氣上說的氣之靈，實際上只是就此特性提出此是意識於氣上的一種功能，心本身並不是氣。〔註52〕

既然心不是氣，那是否心便是理呢？陳來先生同樣不贊成這樣的分判，在有關朱子論心的創發內容中，陳來先生指出心與理的三種區別，而這三種對於心與理相異處的討論，同時也就是心與性的理解與二者關係的描述。首先是心包理；其次是心有知覺，性理則無；最後是心有善惡，性理則無。其中心包理的說法又可與心具眾理做一結合，在這關係中，因爲心是現象的總體範疇，性是本質範疇，則心與性理固然不能等同爲一，但也顯示了二者互相連繫的意義。〔註53〕

還可以附帶一提的是，陳來認爲：「在心的問題上，以知覺認識爲心的特質，實際上是以心指人的理性，這個理性不但是理論理性，也是實踐理性，在倫理內容上，不但有道德理性的裁制（道心），又有自然的感性需求（人心），所以心也是理性與感性的矛盾統一。」〔註54〕

五、金春峰先生對朱子論心意義之理解

在《朱熹哲學思想》一書中，金春峰先生提出了有別於馮友蘭與牟宗三兩位先生的見解，以朱子學乃是心學的立場，故在思想型態上實近於明道，而遠於伊川，〔註55〕並順著這樣的理解，認爲在朱陸異同的問題上，朱子與

〔註50〕見陳來：《朱子哲學研究》（上海：華東師範大學出版社，2000 年 9 月），頁219～220。

〔註51〕見陳來：《朱子哲學研究》（上海：華東師範大學出版社，2000 年 9 月），頁219。

〔註52〕見陳來：《朱子哲學研究》（上海：華東師範大學出版社，2000 年 9 月），頁220。

〔註53〕見陳來：《朱子哲學研究》（上海：華東師範大學出版社，2000 年 9 月），頁221～223。

〔註54〕見陳來：《朱子哲學研究》（上海：華東師範大學出版社，2000 年 9 月），頁261。

〔註55〕此說實有疑義，蓋朱子於〈仁說〉後所立之心性情三分之系統已遠於明道，

象山在心學的基本觀點—如本心、本體—與格物窮理的格物、窮理的概念上，實有多處一致。

　　金春峰先生認為，朱子的心性思想成熟於中和問題的討論過程，而由舊說之悟以至新說之悟過程中，均是牢守心學立場，而非後者對前者的否定。換言之，新說只是對於舊說的系統性格的強化，金春峰先生這麼解釋：「比之『舊說』，朱熹對心、性之內在的聯結與區別，措辭更加精密了。性不離心，心亦不離性。心能思慮營為，有喜怒哀樂，性則不能。故『未發』只能說心，但『未發之謂中』，『中』，卻是性之體段，而不是狀心。和是狀喜怒哀樂之中節，不是喜怒哀樂本身，故『和』亦不是狀心。這就是所謂心性情三分，但「三分」正好把「心統性情」，性情皆不能離心而發，離心而有、離心而存的關係，明確地確立了。」〔註56〕此是就朱子〈與湖南諸公論中和第一書〉而論，以「未發」說心，以「未發之謂中」之「中」說性之體段，則性與心的關係便可以被表述為：「性是不能離心而言的。也就是說，性是與心為一體的。此與性為一體之心即心之體，此與心為一體之性，即性之體段。離開心，性只能是周子所講之『無極』，是不能言說的，……能言說的性，是已落於氣化、落於人生以後之性，也就是合心而言的性。」〔註57〕就此言性不能離心的思考來說，金春峰先生顯然肯定了朱子有以性居於形而上的層次的意義，因此我們可以看到：「性做為心之體，未發時，實際上不過是一心之認為應當做的道理，即一道德法則、道德命令，故它無形、無象，不落時空、不落有無，是形而上。」〔註58〕至於心在朱子的理解中，金春峰先生則認為有人心與道德本心的兩層區別：

　　　　（朱子）這裡講的思慮、知覺、情感之心、虛靈之心，都可歸結為
　　　　認知心或人心。但在朱子體系中，心還指道德「本心」或「溫然愛
　　　　人利物之心」。它在人心中，當人心感物而動時，它寓於人心以起用，
　　　　使思慮營為、喜怒哀樂皆符合於「天理」，而卻並不消解自己為此思

　　且朱子本人亦曾批評上蔡之「以覺為仁」（見黎靖德編：《朱子語類》（北京：中華書局，2004 年 2 月），冊 2，卷 20，頁 478～479。），順此義而言，朱子亦當不得肯定明道之說，而就朱子以理氣二分，仁為性之理，惻隱是情、屬氣等規定看來，其系統當近於伊川。

〔註56〕見金春峰：《朱熹哲學思想》（台北：東大圖書，1998 年 5 月），頁 50。
〔註57〕見金春峰：《朱熹哲學思想》（台北：東大圖書，1998 年 5 月），頁 55。
〔註58〕見金春峰：《朱熹哲學思想》（台北：東大圖書，1998 年 5 月），頁 154。

慮營爲與情感之喜怒哀樂本身，因而它亦是動中之不動者、形而上者。此種「超越者」、形而上之心，朱熹稱之爲「心之本體」或「心之體」，陸象山稱之爲「本心」，朱熹有時亦稱爲「本心」，其未發時，即稱爲性。當心在這一意義上使用時，心、性是異名同體的，相當於康德講的「純粹實踐理性」或道德理性。〔註59〕

就人心而言，它指的是氣之靈、是知覺、是思慮營爲；〔註60〕而就道德之心來說，它是能夠自律自覺、自定方向，能於格物活動上窮理實踐的。〔註61〕這兩層區別又是可以結合，並且互不衝突。因此，金春峰先生認爲朱子實肯定人皆有道德本心，只是因爲朱子言心又需顧慮到人心一層，方不得言「心即理」爾。〔註62〕

第二節　朱子論心的發展與「氣強理弱」義的關懷

　　朱子對《中庸》中和問題的參究過程，標誌著他個人心性理論發展與成熟的經歷，因此探究朱子對中和問題的處理，必然有助於我們初步理解朱子心性論的面貌。在本節的第一個部份「中和問題與朱子心性學的發展」中，我們將順著朱子對中和問題的論述，以之作爲切入朱子論心面貌的展現引子，並由此掌握朱子對心的觀點，以及其與系統架構間的關聯。從這裡，我們也能承繼上節諸位先生對於朱子論心的解釋、分析，再做一點思考。

　　在第二部份「『氣強理弱』義的關懷」中，我們會涉及朱子有關理氣論的一些討論，以思考在朱子的哲學中，心性觀點對於修養工夫與理氣結構之間的影響。我們同時認爲，朱子對於現實世界的關懷，由來已久，此亦是其哲學特質之一，在這個部份中，我們將能窺見此種特色。

一、中和問題與朱子心性學的發展

　　歷來學者多認爲朱子心性之學，當有過一大轉折，即所謂中和舊說與中和新說的遞變，據《晦庵先生朱文公文集》卷七十五〈中和舊說序〉所載：

　　　　聞張欽夫得衡山胡氏學，則往從而問焉。欽夫告余以所聞，余亦未

〔註59〕見金春峰：《朱熹哲學思想》（台北：東大圖書，1998年5月），頁149。

〔註60〕見金春峰：《朱熹哲學思想》（台北：東大圖書，1998年5月），頁95。

〔註61〕見金春峰：《朱熹哲學思想》（台北：東大圖書，1998年5月），頁59。

〔註62〕見金春峰：《朱熹哲學思想》（台北：東大圖書，1998年5月），頁154。

之省也，退而沉思，殆忘寢食。一日，喟然嘆曰：「人自嬰兒以至老死，雖語默動靜之不同，然其大體莫非已發，特其未發者爲未嘗發爾。」自此不復有疑，以爲《中庸》之旨果不外乎此矣。然後得胡氏書，有與曾吉父論未發之旨者，其論又適與余意合，用是益自信。雖程子之言有不合者，亦直以爲少作失傳而不之信也。然間以語人，則未見有能深領會者。乾道己丑之春，爲友人蔡季通言之，問辯之際，予忽自疑，……然則予之所自信者，其無乃反自誤乎？則復取程氏書，虛心平氣而徐讀之，未及數行，凍解冰釋，然後知性情之本然、聖賢之微旨，其平正明白乃如此。而前日讀之不詳，妄生穿穴，凡所辛苦而僅得之者，適足以自誤而已。至於推類究極，反求諸身，則又見其爲害之大，蓋不但名言之失而已也。於是又竊自懼，亟以書報欽夫及嘗同此論者。〔註63〕

由上文觀之，朱子的學思發展中當有一次轉折，這個轉折是經由參究中和問題而來，我們一般將之劃分爲前後兩期，前期學者習稱中和舊說，〔註64〕後期則以中和新說別之。〔註65〕依照引文來看，朱子早年研究中和舊說時，曾與張南軒有過往來，南軒受學於胡五峰，五峰之學重在識察此心，如《知言疑義》中有：「齊王見牛而不忍殺，此良心之苗裔，因利欲之間而見者也。」〔註66〕此明示工夫重在良心呈現時，當下操存之，這是以識察爲先的逆覺本心一路，合於孟子求放心的教法，爾後湖湘學者多有從此義者，如張南軒遂有與朱子先識察後涵養與先涵養後識察之辯論。此外，五峰又曾於京師受學於龜山，而朱子從學李延平，延平又承羅豫章，豫章則承楊龜山，此是道南一系，道南一系多重未

〔註63〕見朱杰人，嚴佐之，劉永翔主編：《晦庵先生朱文公文集》，《朱子全書》（上海：上海古籍出版社，安徽教育出版社，2002年12月），冊24，卷75，頁3634。

〔註64〕大陸學者陳來先生曾指出，以「中和舊說」指陳朱子參究中和問題的前期思想恐有未當，陳來先生以朱子〈中和舊說序〉文中所稱「中和舊說」似兼指前後二期。見陳來：《朱子哲學研究》（上海：華東師範大學出版社，2000年9月），頁161，頁下注1。

〔註65〕有關中和舊說、新說，亦有學者習以干支紀年爲名，而稱之曰「丙戌之悟」、「己丑之悟」，唯此等稱法有涉年代考據之問題，如「丙戌之悟」一詞指朱子舊說成於三十七歲時，然亦有以朱子悟於三十九歲（戊子年）者，考據問題非本文重心，故文中仍以「中和舊說」、「中和新說」別之。

〔註66〕見黃宗羲原著，全祖望補修：《宋元學案‧五峰學案‧知言疑義》（臺北：華世出版社，1987年9月），冊3，卷42，頁1375。

發之際的本心體察，如延平對謝上蔡所錄之明道語「正心待之，則先事而迎」，便有「蓋尋常于靜處體認下工夫，即於鬧處使不著，蓋不曾如此用力也。」的引申。〔註67〕如此說來，朱子早期參究中和問題時，確實有可能受湖湘學派的影響，而觀點有近於五峰的可能。因此，朱子在引文中表示，舊說時他對中和問題的理解，有意與胡氏書中「與曾吉父論未發之旨」合者。而我們前面說過，五峰識察本心的修養工夫當與孟子屬同一脈絡，若朱子的中和舊說近於五峰，則此時朱子對心性之體會，是否也同五峰一般有合於孔孟心學者？我們先看到〈答何叔京〉第四書：

> 然又有大者，昔聞之師，以爲當於未發已發之幾，默識而心契焉，
> 然後文義事理，觸類可通，莫非此理之所出，不待區區求之於章句
> 訓詁之間也。向雖聞此而莫測其所謂，由今觀之，始知其爲切要至
> 當之說，而竟亦未能一蹴而至其域也。〔註68〕

依陳來先生的考訂，朱子此書作於三十七歲時，〔註69〕此時朱子的思想仍屬中和舊說時期。文中以天理不應只求諸章句訓詁之間，而更當於未發已發之際，默識體察此心之幾微萌發，此方爲切要至當之大者。就這段引文來看，朱子此時的思想似乎頗爲接近湖湘學派的觀點。但是，工夫上的表面相仿並不足以讓我們確定朱子此時的默識此心，是否便相印於五峰、南軒的理解，換言之，只由上段文字的敘述，我們無法確定朱子是否與五峰一般，皆以此默識之心爲孟子的本心義。若要看清楚這一點，仍然必須透過其他文獻，方能確切考察朱子對心的理解。以下是朱子自注「非是」的〈答張欽夫書〉：

> 人自有生即有知識，事物交來，應接不暇，念念遷革，以至於死，
> 其間初無頃刻停息，舉世皆然也。然聖賢之言，則有所謂未發之中，
> 寂然不動者。夫豈以日用流行者爲已發，而指夫暫而休息，不與事
> 接之際爲未發耶？嘗試以此求之，則泯然無覺之中，邪暗鬱塞，似
> 非虛明應物之體，而幾微之際，一有覺焉，則又便爲已發，而非寂

〔註67〕見黃宗羲原著，全祖望補修：《宋元學案・豫章學案・延平答問》（臺北：華世出版社，1987年9月），冊2，卷39，頁1282。

〔註68〕見朱杰人，嚴佐之，劉永翔主編：〈答何叔京〉四，《晦庵先生朱文公文集》，《朱子全書》（上海：上海古籍出版社，安徽教育出版社，2002年12月），冊22，卷40，頁1805。

〔註69〕見陳來：《朱子書信編年考證》（北京：生活・讀書・新知三聯書店，2007年9月），頁38。

然之謂。蓋愈求而愈不可見，於是退而驗之於日用之間，則凡感之
而通，觸之而覺，蓋有渾然全體應物而不窮者。是乃天命流行，生
生不已之機，雖一日之間萬起萬滅，而其寂然之本體則未嘗不寂然
也。所謂未發，如是而已，夫豈別有一物，限於一時，拘於一處，
而可謂之中哉？然則天理本眞，隨處發現，不少停息者，其體用固
如是，而豈物欲之私能壅遏而梏亡之哉？故雖汨於物欲流蕩之中，
而其良心萌蘖，亦未嘗不因事而發見。學者於是致察而操存之，則
庶乎可以貫乎大本達道之全體而復其初矣。〔註70〕

此書成於中和舊說時期，上節錄全文前半。文中朱子先就個體的心理活動做
一描述，以人自有生以來，即須面對各種事物無時無刻的交相牽引，吾人的
思慮亦未嘗有過須臾停歇。唯《中庸》則有所謂已發、未發之說，朱子認爲
聖賢之義並不能以上述心理學的描述來解釋已發、未發的情況，朱子提到若
以日常的情緒或行爲活動的發生做已發，暫時與外界保持距離，不應事接物
爲未發，則愈去尋求《中庸》所言的未發之中，愈是不可見。只有回到平常
的日用間體證天理，於天理流行處，見得生生不息的大用不窮，並於一日之
間的萬起萬滅處，證知寂然的本體，不隨物流逝而未嘗不寂然。所以，朱子
認爲我們若要體認大本，則當明白天理本是隨處發顯，它本不受物欲流蕩桎
梏，因此我們只要當下操存此心，便能復得其本。根據這樣的解釋，朱子此
時對《中庸》中和問題採取的理解，縱然未必合於《中庸》一書的原本意義，
然而其對已發、未發義的討論，以導向「學者於是致察而操存之，則庶乎可
以貫乎大本達道之全體而復其初矣。」的功夫理解，仍然合於五峰先識得本
體的工夫方向，如此說來，則朱子在中和舊說時的觀點當有近於孟子者，牟
宗三先生曾經對此做過分辨：「舊說新說之別乃是兩系義理之別。舊說乃是孟
子系之義理，而新說則是朱子本人順伊川之糾結所清澈成之靜涵靜攝之系
統。朱子既不清澈洞曉其舊說之何所是，故反省亦不諦。因彼對于『天命流
行之體』以及孟子所言之『本心』本不眞切故也。」〔註71〕牟宗三先生認爲
中和舊說是屬孟子型態之義理，而新說則歸向伊川之思路，故當朱子於乙丑

〔註70〕 見朱杰人，嚴佐之，劉永翔主編：〈與張欽夫〉自注非是，《晦庵先生朱文公
文集》，《朱子全書》（上海：上海古籍出版社，安徽教育出版社，2002 年 12
月），冊 21，卷 30，頁 1315。

〔註71〕 見牟宗三：《心體與性體》（台北：正中圖書，2005 年 3 月），冊 3，頁 78。

年悟得新說後，便以此書之說「非是」。此一方面凸顯了孟子、伊川兩個系統的隔閡，另一方面也暗示朱子於舊說時，對孟子義理亦無真切體會。關於這點，我們可以從朱子回應張南軒提出「未發之前、心妙乎性。既發，則性行乎心之用矣」時，曾對天道、本心的活動義做過說明來了解：

> 于此竊亦有疑。蓋性無時不行乎心之用，但不妨常有未行乎用之性耳。今下一前字，亦微有前後隔截氣象。如何如何？熟玩《中庸》，只消著一未字，便是活處。此豈有一時停住時耶？只是來得無窮，便常有個未發底耳。若無此物，則天命有已時，生物有盡處，氣化斷絕，有古無今，久矣！此所謂天下之大本，若不真見得，亦無揣模處也。〔註72〕

本文寫作仍當中和舊說時期，從文中看來，朱子有以性為心之體，心為性之用的意思，而心無時不依性而作用，無頃刻間斷，故朱子又以天命流行說此了無間隔之義，而以南軒著一字「前」，便是隔絕，故稱此大本之活動「豈有一時停住耶？」姑且不論朱子對南軒所言之義理是否有適切的掌握，朱子所以有此種辯白，乃是將南軒所言「未發之前」的「發」字的指涉，自心上之發，挪用於天命之體的活動處，而以本心之發無一時停住，類比地說天道之生生不息。在此封書信的開頭，朱子曾有「自今觀之，只一念間已具此體用。發者方往，而未發者方來，了無間斷隔截處，夫豈別有物可指而名之哉？然天理無窮，而人之所見有遠近深淺之不一。」〔註73〕的文句，推其所言，我們不難明白朱子是以已發、未發的體用無隔，流行無間，用來形容這種天道的生生不息，也就是把《中庸》之已發、未發義，自情感處挪用至理體上，與天道生物無窮互做說明。朱子順此而說，遂以南軒著一「前」字即是「前後隔截氣象」，蓋天命流行本來也就無所謂間斷隔絕。至於這樣由已發、未發來看待天理流行的思路，正是朱子於中和舊說時的一貫型態。然而朱子以本心之作用未曾間斷說天理生生不息，似乎亦無太大問題，問題卻發生在他對於本心、天道活動義的理解上。此中的問題牟宗三先生曾有清楚的分析：

〔註72〕見朱杰人，嚴佐之，劉永翔主編：〈與張欽夫〉自注尤乖戾，《晦庵先生朱文公文集》，《朱子全書》（上海：上海古籍出版社，安徽教育出版社，2002 年 12 月），冊21，卷30，頁1317。

〔註73〕見朱杰人，嚴佐之，劉永翔主編：〈與張欽夫〉自注尤乖戾，《晦庵先生朱文公文集》，《朱子全書》（上海：上海古籍出版社，安徽教育出版社，2002 年 12 月），冊21，卷30，頁1316。

夫《中庸》之言「喜怒哀樂之未發謂之中」，明是言就喜怒哀樂未發
時，靜見中體之大本，此是截斷眾流復以見體之意。「未發」是就感
性層之喜怒哀樂說，此是由感性層而進入超越層之機竅。今朱子將此
「未發」移向「天命流行之體」上就其寂然不動處說未發，或就其「來
得無窮，便常有個未發底」，把未發說成尚有未曾來者在，此是未發
已發之錯置，同時亦將天命流行之體誤認為氣機之鼓盪。〔註74〕

本來朱子欲由已發、未發說就本性、本心之作用是隨時呈顯的，故可操之則存，
此義亦未嘗不可。然而欲以體說性，以用說心，則顯然有違孟子之本心義，蓋
心體與性體之關係是一貫的，而非以心為性之用，若以心為性之用，而逕以寂
然說性，復推之以言中體，則恐怕有以氣化之跡上的發用，來說本心呈顯與天
命流行的了無間隔，這顯然混淆了心理學的心理活動與孟子、五峰所謂的本心，
則朱子此時之言識察工夫恐怕亦未能真與湘湖學者有所相印。牟宗三先生批評
道：「本心或性體無所謂未發已發也。今視大本有已發未發，而就其「常有個未
發底」說為性，此即於性之實有差也。又本心之發見只是性體本心自己之呈露，
並非大本『方往方來』之動發也。今皆劃歸于發出來的喜怒哀樂之內而一律視
為『已發為心』，此即于心之實有差也。」〔註75〕

　　這麼看來朱子對孟子之學當未能有真切把握，而其將形而下之氣的變化
無間混作天理的健動不息，卻是要由跡見體，遂把《中庸》所言於情上之已
發、未發視為天道的活動。如此說來，朱子又似乎隱然要朝體用一如的思維
發展，換言之，即以吾人之性情發用等同於天理之流行活動。只是，若依照
我們上一段的討論來看，朱子在上述書信中，對於本心之活動義是混著氣化
流行，一概如此地論說去，並非對天命流行之大化神用有真切體會，而未能
如程明道之由識仁說至「仁者，渾然與物同體」，〔註76〕得以將此本心、本性
之彰顯流露說得圓融。朱子此處只是泛泛地就氣化之跡說本體的神用，並非
有意將喜怒哀樂全都收束在中體上，而見「天地之用，皆我之用」。〔註77〕如
朱子由未發言性，便是把情、氣之未化、未顯，推測地說此中有一貞定之常，

〔註74〕見牟宗三：《心體與性體》（台北：正中圖書，2005年3月），冊3，頁83～84。
〔註75〕見牟宗三：《心體與性體》（台北：正中圖書，2005年3月），冊3，頁105。
〔註76〕見程顥，程頤：《河南程氏遺書》，《二程集》（北京：中華書局，1981年7月），
　　　　卷2上，頁16。
〔註77〕見程顥，程頤：《河南程氏遺書》，《二程集》（北京：中華書局，1981年7月），
　　　　卷2上，頁17。

復由此隱而未顯時之常說而爲性與理。如此則性與理之超越義仍是可說的，但此種超越義之所以爲超越，只是在人情之未發處，而因著此性、此理皆仍具、仍存，便推說此性、此理具有某種超越的意義。最後再以這樣的超越意義來保住性與天的形而上的價值，以之做爲道德的根源。

　　然而朱子會有這樣的觀點，卻恐怕有受李延平說法影響之可能，例如在我們前引自注「非是」的〈與張欽夫書〉中，開頭就有：「事物來交，應接不暇，念念遷革，以致于死，其間初無頃刻停息。舉世皆然也。然聖賢之言，則有所謂未發之中，寂然不動者。……指夫暫而休息，不與事接之際，爲未發時耶？」此處以情感流瀉，無所止息，則又應當如何求一未發、寂然之中，作爲開頭，很能顯現朱子於情思未萌時尋求超越之體的關切。雖然朱子後來自己反省，認爲此處當是受到伊川言：「凡言心者，皆指已發而言。」一語之影響，〔註 78〕然而延平之教人默坐澄心，以此體認天理的工夫，亦當對朱子追求未發之寂然之體一事應有很深的影響，〔註 79〕朱子雖未能掌握延平之教，而恐怕朱子乃是在反覆思量如何於情動不息間求一「未發」的本體，終無所得，此後見伊川之言心皆已發，遂轉出舊說理解。只是真要能安心踏實，卻需要到了與友人蔡季通論說後，發展出將情與氣拉下，並將已發、未發皆轉向心與理的關係處說的中和新說，義理規模方才自覺安穩。

　　至於我們前說朱子未能掌握延平之教，這點則可由朱子問學延平時，與延平討論過太極動而生陽一事中看出端倪：

　　（朱子問）竊恐「動而生陽」即天地之喜怒哀樂發處，于此即見天地之心。「二氣交感，化生萬物」，即人物之喜怒哀樂發處，于此即見人物之心。如此做兩節看，不知得否？先生曰：「『太極動而生陽』，

〔註 78〕關於此點，朱子於中和新說發表時表示：「又因程子：『凡言心者，皆指已發而言。』之云，遂目心爲已發，而以性爲未發之中，自以爲安。」見朱杰人，嚴佐之，劉永翔主編：〈已發未發說〉，《晦庵先生朱文公文集》，《朱子全書》（上海：上海古籍出版社，安徽教育出版社，2002 年 12 月），冊 23，卷 67，頁 3266。

〔註 79〕關於朱子修養工夫的中和問題的討論上，田浩先生認爲：「李侗認爲這種心的澄淨狀態是日常行爲修養工夫的基礎，朱熹卻對這兩種直觀的學說可能推衍出的矛盾頗感不安。問題的關鍵在於：活動的心怎樣才能意識到它在行動前的寂靜狀態？朱熹思考李侗的觀點達八年之久，在 1166 年得到初步的結論，認爲如果瞭解內心的直觀合一的境界不可能輕易實現，李侗的學說基本上還是站得住腳。」見田浩：《朱熹的思維世界》（台北：允晨文化，1996 年 5 月），頁 86～87。

> 至理之源，只是動靜闔闢，至于終萬物、始萬物，亦只是此理一貫
> 也。到得『二氣交感，化生萬物』時，又就人物上推，亦只是此理。
> 《中庸》以喜怒哀樂未發已發言之，又就人身上推尋，至于見得大
> 本達道處，又渾同只是此理。此理就人身上推尋，若不于未發、已
> 發處看，即何緣知之？蓋就天地之本源與人物上推來，不得不異，
> 此所以于『動而生陽』難以爲喜怒哀樂已發言之。在天地只是理也，
> 今欲做兩節看，竊恐差了。」〔註80〕

朱子以爲〈太極圖說〉所言之宇宙化成當屬天地之心，而吾人之喜怒哀樂則
爲人物之心，二者應有差異，故問延平是否當做兩節看待。延平則認爲，太
極所以終成萬物，只是天理之流行，而此理亦是吾人本具者，縱然喜怒哀樂
本屬人情，有感性成分，但吾人若能識得大本達道處，則喜怒哀樂之所發同
樣可以是天理流行，故《中庸》之言未發、已發，便於人情上展現了中和的
面貌，若能從此處把握，則見與人天之理毫無二致，故無須做兩節看。故延
平於引文之後又說：「人與天理一也，就此理上皆收攝來，與天地合其德，與
日月合其明，與四時合其序，與鬼神合其吉凶，皆其度內耳。」〔註81〕由此
可見，延平所謂不可作兩節看待，是就吾人之達道處講，蓋此時人與理只是
一體爾，人心即天心，而非朱子提問時之謂人物與天地各有一心，需割爲兩
節看。朱子此時之思維若能受延平以「人與天理一也」點化，而有真實領會，
則當明老師之所謂「鬼神合其吉凶，皆其度內耳。」或許亦能走向如程明道
「普萬物而無心」〔註82〕之體悟，知吾人除此一心更無分天地之心、人物之
心爾。然而延平之學對朱子卻未有真切、深刻的影響，其影響終究只是表面
上的，故朱子雖聽聞李侗之不得割爲二節，卻未有恰當領悟（其於〈與張欽
夫書〉中答南軒之所謂已發、未發不得作兩節看之意，與此處所論不同），而
逕行將《中庸》本用以言人情的已發、未發拉往太極上說。以至於產生牟宗
三先生上述所言「將天命流行之體誤認爲氣機之鼓蕩」的問題。

　　朱子這樣以未發處推求一個超越的根源本體，並以此說明本性得以貞定

〔註80〕 見黃宗羲原著，全祖望補修：《宋元學案‧豫章學案‧延平答問》（臺北：華
　　　　世出版社，1987 年 9 月），冊 2，卷 39，頁 1280。
〔註81〕 見黃宗羲原著，全祖望補修：《宋元學案‧豫章學案‧延平答問》（臺北：華
　　　　世出版社，1987 年 9 月），冊 2，卷 39，頁 1280。
〔註82〕 見程顥，程頤：《河南程氏文集》，《二程集》（北京：中華書局，1981 年 7 月），
　　　　卷 2，頁 460。

的理由，仍然如同前面回答張南軒時以已發、未發混說天理流行。因此二者之病同樣有以情慾未萌、氣跡未顯處尋求本性，進而以此說出本體的超越意義。關於這樣的思考方式，我們是否可以指說朱子的作法是由形而下類推形而上？又倘若朱子採取的方法是個這樣，那我們便可以說朱子的作法裡隱含著重大的問題，此如西方哲學家康德在討論道德法則時所言的：

> 人人亦必須承認：義務底基礎必不可在人之自然（人性）中或在人
> 所處的世界內的環境中去尋求，但只當先驗地在純粹理性底概念中
> 去尋求；而且最後人人亦必須承認：縱然任何其他基於純然經驗底
> 原則上的箴言，在某些方面，或可是普遍的，但只要它基於一經驗
> 的基礎上，（其基於一經驗的基礎即使程度極微，或許只關於其中所
> 含的動機），則這樣的箴言雖可為一實踐的規律，但卻絕不能叫做是
> 一道德法則。〔註83〕

在康德的觀念中，道德法則必須是完全純粹的先驗法則，它不受任何性好的影響，並以之說明其所以為無條件的律令，因此康德認為由經驗去推求先驗，亦如由現象去推求物自身，這是想要藉由經驗的材料去思考經驗之外的某些先天的、超驗的事物——如上帝、靈魂等等。實在說來，在這類的判斷中，其前提與結論間根本沒有任何邏輯的關聯。而我們借助康德立下的方法限制，以他的尺規進行這個檢視時，卻不能忽略康德哲學中本身預設的原則，最直接關涉於我們此處問題的也就是所謂「智的直覺」的重要概念，而所謂智的直覺即是說：「若該主體之直覺只是自我活動，即是說，只是智的直覺，則該主體必應只判斷其自己……」〔註84〕這樣的直覺，這是一種主體直接對於主體自身的直覺，引申地說，則智的直覺可視為是一種主體的創造力。只是關於康德以為智的直覺不為人類所有這樣的一個重要規定，在中國的儒家哲學中卻可以不存在，〔註85〕早在先秦儒學中我們已經通過「知其性，則知

〔註83〕見牟宗三譯註：《道德底形上學之基本原則》，《康德的道德哲學》（台北：台灣學生書局，2000年5月再版4刷），頁10。

〔註84〕見牟宗三譯註：《純粹理性批判》（上冊）（台北：台灣學生書局，1997年8月），頁163。

〔註85〕此如牟宗三先生云：「依王學，吾人之主體實可如此。依康德，吾人之主體是不能如此的，因為吾人並不能有智的直覺故，吾人的直覺只是感觸的直覺。」見牟宗三譯註：《純粹理性批判》（上冊）（台北：台灣學生書局，1997年8月），頁165。

天矣」〔註 86〕的核心立場，進而肯定了人人皆有通過本心、本性「下學而上達」〔註 87〕的能力。但這也不表示康德這條由形而下推究形而上的禁令在中國的儒學系統中就毫無價值，原因在於作為純粹形式的道雖然只有一個，但充實其內容的工夫卻有許多，也就是說，在同體異用的說法下，儒學雖然肯定吾人有上達於天道的可能，但吾人的工夫因著運用卻有著眞或假的問題，例如以知識尋求成德一途，便仍然落在康德的禁令中，這樣的情況也展現在我們上一章中有關於朱子與陸象山的爭辯上，如象山以「若知物價之低昂，與夫辯物之美惡眞偽，則吾不可不謂之能。然吾之所謂做工夫，非此之謂也。」〔註 88〕此則明白區分知識之事無關道德修養的工夫。在下一章有關讀書法的討論處，我們還會對此一部份進行思考。

透過前述康德警語的聚焦，我們也更能知道由萬物的生長、變化以觀天理周流不息，此中之適當與否的問題當在中西哲學的取向不同上，如果能夠清楚掌握分際，亦不至於僅僅以神秘主義一詞簡單帶過，故唐君毅先生在解釋東西方世界對理一概念的觀點時，也曾順著中國哲學中理氣不離的觀念說：「故此生生之理，又初乃由氣之生生化化而見；氣之生生化化，又由萬物之生生不已而見。」〔註 89〕所以，關鍵在於我們能否眞切掌握到此中所含之神用、神化的所屬根源。因爲氣之生生本有天理在其中，而此生生之所屬問題，即是在根源上要追問生生者的所以然。朱子的毛病應當不是在以形下推測形上，而是混淆了形下之氣與形上之理。一旦將形下與形上相混，如此一來在中和舊說時，天理與本性的超越意義自然無法穩住，不能如朱子所預期的爲其獲得一穩定的形而上領域。順著此處看下來，那麼朱子在舊說中強調的大本活動、流瀉時的綿綿不息，嚴格說之，也僅是就落於氣上的變化而言者，那麼於本心、本性上談出的活動義，便只能由情感上的已發、未發混著看去，並不是直承於穆不已的天命說至吾人的性體、心體，而眞能顯出心性本具之道德價值的創造力，如此一來心性之活動義實提不住，早已隨著性體

〔註 86〕見朱熹集註：《四書集註・孟子・盡心上》（台南：大孚書局，2000 年 2 月），頁 187。

〔註 87〕見朱熹集註：《四書集註・論語・憲問》（台南：大孚書局，2000 年 2 月），頁 102。

〔註 88〕見陸九淵著：《語錄上》，《陸九淵集》（北京：中華書局，1980 年 1 月），卷 34，頁 400。

〔註 89〕見唐君毅：《中國哲學原論・導論篇》（台北：台灣學生書局，1986 年 9 月），頁 469。

心用的理解而脫落，不待至中和新說，天理的活動義也已經隨著本性、本心的活動義失落，而連同跟著失落。

因此在中和舊說時，朱子已然是徒具中庸、孟子之形上學之表面規模，縱使在前引自注「尤乖戾」的〈與張欽夫書〉的文末，仍有「若無此物，則天命有已時，生物有盡處，氣化斷絕，有古無今，久矣！」的語句，似乎很能肯認天命之生生不已，然而如同我們前處所說的，朱子在對本心、本性的本質理解上，早已不契合於孟子系統，若就其天理、本性脫落活動義這點說來，朱子此時的義理發展趨向反而較偏向中和新說時的系統。故於中和新說時之〈已發未發說〉有：

> 乃知前日所說，於心性之實未始有差，而未發已發命名未當，且於
>
> 日用之際欠缺本領一段工夫，蓋所失者不但文義之間而已。〔註90〕

對此，牟宗三先生嘗謂朱子以「於心性之實未始有差，而未發已發命名未當」來說中和新說之心性義與舊說只是命名未當，此當為自諒之詞，〔註91〕這是牟宗三先生通過對朱子中和新說、中和舊說系統的分析後，因著新說、舊說之不同，認為舊說仍是孟子一脈的義理系統，新說則非是，故會給出如此的評判，這當然是很正確的。然而朱子本人對此中系統的轉折卻未如此清楚，故對新舊二說中的心性義只是以「命名未當」言之，而認為新舊二說的差別主要在舊說「於日用之際欠缺本領一段工夫」。此處便可瞭解朱子於中和舊說時，於心性論上只能是徒具孟子學之表面規模，而本質上卻已經漸漸走向新說的理解，逐步形成新說的心性系統，故當中和新說發展出來時，朱子本人亦只謂其心性論於二說之不同僅在「命名未當」，而未如牟宗三先生能清楚看出此二者間已是義理架構的不同了。

二、「氣強理弱」義的關懷

前言朱子於中和舊說處是未能體悟孟子之本心義，而混同形下與形上之發用，遂將理之活動義混著氣化，一概地說；反觀於中和新說後，朱子則是將理於氣中所呈現的生生之機，視之為氣化變現，如〈答林擇之〉書云：「心

〔註90〕見朱杰人，嚴佐之，劉永翔主編：〈已發未發說〉，《晦庵先生朱文公文集》，《朱子全書》（上海：上海古籍出版社，安徽教育出版社，2002年12月），冊23，卷67，頁3266。

〔註91〕見牟宗三：《心體與性體》（台北：正中圖書，2005年3月），冊3，頁136～137。

則貫通乎已發未發之間，乃大易生生流行，一動一靜之全體也。」〔註92〕若以心爲氣心而通貫已發未發，由此所類比的易之生生，其所以能一動一靜者，當要是在氣上說，而不在理上說。故此時生生之義又復由理之神，落於氣之化，因而獨見生生之氣，不見生生之理，故理之活動義也便跟著脫落。在萬物生長、變化中本來同時含有氣化與神用，孔子說：「天何言哉？四時行焉，百物生焉，天何言哉？」四季行、春草生，表面上雖然是氣化流轉的展現，然而聖人觀春而有夏、夏而有秋、秋而有冬、東復有春，即能領悟此中原來含有健動不息、相繼不已的理在其中，故程明道說：「觀雞雛。（此可觀仁）」〔註93〕原因只在能否由自家身上體貼出天理，知道「四時行」、「百物生」不只是一種自然規律，如以自然規律觀之，則是落在氣上，而生生之義遂不外出於氣化之流行，更容易以氣化言神用，而見二者同行不背，方得見出一本義。前言朱子於中和新說後便將理之流行放至氣上說，又是否會落到在氣之變化上說一理，而逕直將此理說爲自然規律呢？若見前引〈答林擇之〉書文句上觀之，則朱子並無此義，〔註94〕唯朱子此種區別理氣的說法，雖然亦能在氣化顯隱之流行上另標出超越意義，而見一純粹的理於氣之上，但除了前述的活動義脫落的問題之外，此種理之超越於氣上的說法也很容易導致理氣割裂過甚，以至於讓後人有理氣相離爲二的批評，如明儒呂柟即曾質疑朱子解濂溪之太極圖爲「太極理也，動靜氣也」是：「釋以太極爲理，動靜爲氣。恐涉支離，非周子本義。」〔註95〕故朱子在理氣的說明上，自然需要強調此二者不即不離的關係，遂有：「太極雖不離乎陰陽，而亦不雜乎陰陽」〔註96〕等等語詞。蓋朱子亦明白說理不說至氣，則理爲虛懸之理，說氣而不言及理，則氣之變化無所依傍，因此二者相互依存，不分主客虛實，今若言理實氣虛

〔註92〕見朱杰人，嚴佐之，劉永翔主編：〈答林擇之〉，《晦庵先生朱文公文集》，《朱子全書》（上海：上海古籍出版社，安徽教育出版社，2002年12月），冊22，卷43，頁1967。

〔註93〕見程顥，程頤：《河南程氏遺書》，《二程集》（北京：中華書局，1981年7月），卷3，頁59。

〔註94〕關於這點我們在第三章第二節的第一部分，討論「博學與精熟」時，將會綜合朱子「理一分殊」的概念，有進一步闡明。

〔註95〕見呂柟：《朱子抄釋》，《景印文淵閣四庫全書》第715冊子部儒家類（臺北：台灣商務印書館，1983～1986年），卷2，頁715～267。

〔註96〕見黎靖德編：《朱子語類》（北京：中華書局，2004年2月），冊4，卷62，頁1490。

或氣實理虛，皆不合朱子所指。然而相較於朱子需要如此費神說明理氣不離不雜的關係，宋儒如張橫渠、程明道等人皆無此種理氣恐割而爲二的問題，朱子依著此種思路不得不走向形而下、形而上間溝通的討論，此種溝通二者的迫切需要在心的詮釋上尤爲明顯，此在下一節中我們將有進一步討論。只是此路一開，除了不免要嚴分理氣、性情，於此種哲學體系對於理氣關係的詮表上，自然無法如明道講得圓融，也難發展如王船山般地直截說出：「理即是氣之理，氣當得如此便是理，氣理不先而氣不後。」〔註 97〕然而我們也要追問朱子這樣的義理結構，又對心性學的發展有何意義？

必須說明的是，朱子並非預先擬定一種本體宇宙論的學說，然後再以之設計一套相應於彼的心性學。如上一部分所述的，朱子對於的理氣論的思維當有其個人體驗在內。就發展的歷程來說，朱子雖然於問學延平之際，即已開始參究理氣二者間的關係，而思考的過程與朱子個人的生命體驗實有密不可分的聯繫，不論是上一章生平中提到的關於儒釋的辨別，或前述中和舊說的已發未發義的探討，其種種思考皆不能離開朱子自家身上的體會。朱子在中和新說提出時，表示舊說相較於新說，「於日用之際欠缺本領一段工夫」，即顯示出朱子哲學的發展時常照顧著他本人於現實中體會出的問題。因此，此種理氣論對於心性學的意義，或許就存在於朱子對現實世界的關懷裡。

首先如上章所言的，朱子哲學系統的完成，自然隱含有辨別儒釋異同的成份在其中，若依照這樣的思考來看，標舉一超越的理，除了能爲氣化流行找到基礎，更可以對堵佛家的般若思想，而以之肯定的氣中之理，正能對抗諸法因緣生的觀點，並依據理一分殊的立場，通過理爲一切存在找出保證，保住事事物物的價值。以上我們已在上章中談到的「由闢佛而導出的論心特色」中作過介紹與說明，而更重要的是，超越之理除了能由其高度而樹立天理純潔、嚴肅的地位，〔註 98〕它同時經由性即理的關係，存在於吾人的生命之中，也正好由此標誌了人之爲人的價值根本之肯定，這也是儒家自孔孟以

〔註97〕見王夫之：《讀四書大全說》（北京：中華書局，1975 年 9 月），卷 10，頁 660。

〔註98〕所謂「樹立天理純潔、嚴肅的地位」是指朱子依著這樣的思維，而能站在理的形上高度說出如「有是理後生是氣」（見黎靖德編：《朱子語類》（北京：中華書局，2004 年 2 月），冊 1，卷 1，頁 2。）、「如萬一山河大地都陷了，畢竟理卻只在這裏。」（見黎靖德編：《朱子語類》（北京：中華書局，2004 年 2月），冊 1，卷 1，頁 4。）等話語，並以此種話語來表達理的純潔、嚴肅的地位。

來的一貫傳統。

因此，我們知道超越的理並不只是虛懸的光影，它的規定實際上是朱子對於一切存在的觀照，朱子正以這個超越的理作爲他在現象世界關懷的起點。若翻看朱子的論述，我們便可發現對於形下的觀照，在朱子的敘述中並不罕見，甚至於有些時候，朱子還會對此加以強調，因而有所謂「氣強理弱」之說：

> 氣雖是理之所生，然既生出，則理管他不得。如這理眈於氣了，日用間運用都由這箇氣，只是氣強理弱。……理固無不善，纔賦於氣質，便有清濁、偏正、剛柔、緩急之不同。蓋氣強而理弱，理管攝他不得。如父子本是一氣，子乃父所生；父賢而子不肖，父也管他不得。又如君臣同心一體，臣乃君所命；上欲行而下沮格，上之人亦不能一一去督責得他。〔註99〕

此處由父生子、君命臣來比擬氣之由理而得其所生化的意義，又一般我們言某甲之生某乙時，則甲、乙之間當有一存在次序上的先後，但在朱子之理只超越而不活動的理解下，此中理氣之先後並不是時間次序上的先後，而只是在義理次序的先後上，故朱子說：「理未嘗離乎氣。然理形而上者，氣形而下者。自形而上下言，豈無先後！」〔註100〕即以先後一詞言理有優於氣的理論上的先在性，而此中之生，如前論中和新說時所述，只是在氣上顯出一呈於氣之動相與靜相。再回到引文中，朱子以爲理本身雖然無不善可言，但賦之於氣形後，卻受限於氣質影響，嚴重者甚至產生猶如父管不動子、君指揮不了臣的窘境，此顯然有就理不活動的結果來說，換言之，也就是以動者是氣、不是理，而說「日用間運用都由這箇氣，只是氣強理弱」。

這樣的基本規定下，朱子又以此轉至人的氣質條件之有「清濁、偏正、剛柔、緩急之不同」來討論。而所以有此義理是順著朱子在中和新說的系統後，發展出以心爲「氣之精爽」〔註101〕而來的說法，這樣以心爲氣，而性又即是理，則心與性便割決爲二，恰如理與氣分別爲形上、形下一般。朱子如

〔註99〕見黎靖德編：《朱子語類》（北京：中華書局，2004 年 2 月），冊 1，卷 1，頁 3。

〔註100〕見黎靖德編：《朱子語類》（北京：中華書局，2004 年 2 月），冊 1，卷 4，頁 71。

〔註101〕即：「心者，氣之精爽。」見黎靖德編：《朱子語類》（北京：中華書局，2004 年 2 月），冊 1，卷 5，頁 85。

此將心、情視爲發用之主導者，則情況便如同理之活動義只能在氣上見，理本身只成牟宗三先生所言的「但理」。〔註102〕此處的性，正是在相同理路下，失卻其活動意義，性本身並無法直接做爲己身的主宰。這樣的情況從朱子的學說中進行解釋，也就是當理生出氣後，此氣中雖具有性，可是性卻有可能通不到心氣之發用的落實處，以至於整個「日用間運用都由這箇氣」，而此性、此理根本無法顯現其價值，造成「氣強理弱」的一種困境。而朱子既然已經看出氣強理弱的情況，並且在與門人討論人物氣質問題時提了出來，〔註103〕則朱子本人豈是因著一時不察，而留下此種理論上的困境，或者，朱子本人根本不覺得這是一個難題，而視其爲自我理論對現象世界的確實呈現而已。

　　因爲倘若心與性、與理通而爲一，那麼就像在孟子系統中——心性天爲一的觀點下，本心何以會有不從大體，甚至爲物所蔽的問題？這或許不是輕易地將問題推給後天環境的習氣影響，或者以及情慾牽引以致往而不反……等等的一句話，就能做出令人滿意的解答。因此，若我們順著朱子在與學生討論人物氣質時，順勢給出的氣強理弱的說法，其意義上正好能爲我們解釋了孟子心性天一貫的系統中，本心何以有放失的可能性，對此，我們亦可將此視爲朱子對「人若本性皆是善的，何以在現實生活中會爲不善？」以及「本心何以不萌發，而任人隨情慾流轉？」等等一類問題的初步回應。〔註104〕換言之，這理是朱子由其理氣論中理與氣有超越與落實的區分，以及心、性不爲一的心性論系統架構下，對於惡的可能性的回應。

　　故經由此種義理結構，性、理在超越性的保護下，惡的可能性並不足以威脅到性與理的優位，換言之，人皆有成爲堯舜的可能，之所以不能成爲堯舜，並不是上天有所偏祖，而是個體自身出了問題。我們若據上文的「理固無不善，纔賦於氣質，便有清濁、偏正、剛柔、緩急之不同。蓋氣強而理弱，理管攝他不得。」一語看來，則不善的理由似乎當在氣質上說，但這也就意味著有人似乎天生便要爲惡，有人卻是天生便要成爲聖人。這樣的歸因明顯與我們前述「性存在於吾人的生命之中，標誌了人之爲人的價值根本之肯定」的說法互相衝突。

〔註102〕見牟宗三：《心體與性體》（台北：正中圖書，2005年3月），冊3，頁18。

〔註103〕本章在《朱子語類》中，乃由學生道夫向朱子請教「氣質之說，始於何人？」的問題，朱子順著回答而有氣強理弱一義之說。見黎靖德編：《朱子語類》（北京：中華書局，2004年2月），冊1，卷1，頁3。

〔註104〕必須要注意的是，此處是站在朱子論心的立場而提出的質疑，若站在孟子的立場，其心性天一貫的義理系統亦非不能對此有合理的解答與回應。

同時，在引文中朱子所謂的「不善」，當是就理之得不得於氣上呈顯來做評斷，如此說來，所謂理之顯不顯的意義，當是就道德意義之是否得到開展、落實來論，這樣一來道德上的善不善，便不應該從氣質上去做評判，因此李明輝先生在討論到朱子談惡之根源的問題時，曾如此說：「氣質底特徵，如剛柔、強弱、昏明、清濁、偏正、厚薄等，其本身只是一種自然的特質，並不具有道德意義；即使我們可以說氣質之善惡，這也只能指『自然之善』和『自然之惡』。因此，為了說明『道德之惡』底根源，訴諸氣質是不夠的。其次，如果朱子混同『道德之惡』與『自然之惡』，將他們一概歸諸氣質，他將陷於決定論（determinism）、乃至命定論（fatalism）底觀點。」〔註105〕基於上述的兩個理由，我們並不能將惡的問題只歸結到氣質上，否則惡的出現便只成因果問題，而無關乎個體自由選擇的可能性。這麼一來，不僅我們無須對自己的行為負責，甚至於一切道德標準的建立也將受到質疑。

然而不可否認的，朱子在此段引文中確實暗示了氣質與不善有著很大關係，為解明二者間的關聯，我們還需要參考以下這條語錄：

> 人之性皆善。然而有生下來善底，有生下來便惡底，此是氣稟不同。……看來吾性既善，何故不能為聖賢，卻是被這氣稟害。如氣稟偏於剛，則一向剛暴；偏於柔，則一向柔弱之類。人一向推托道氣稟不好，不向前，又不得；一向不察氣稟之害，只昏昏地去，又不得。
>
> 須知氣稟之害，要力去用功克治，裁其勝而歸於中乃可。〔註106〕

依此看來，氣質固然遮蔽了本性的呈顯，但這卻不是如同性成命定一般，先天地決定吾人只能為聖賢、或只能為盜跖，重點仍然在於後天的修養工夫上，只要用功克治，仍可裁聖歸中，讓一切行為合乎天理本性。因此前述何以有惡的問題便轉向如何用功克治的問題，換句話說，只要吾人能夠做足修養工夫，即可變化自然氣質，使一切現實活動成為有道德意義的實踐，反過來說，倘若吾人只是隨著氣稟流蕩，則一切行為活動便有「不善」的可能。在這樣意義下，善不善的問題便能脫離自然因果性的控制，重新回到價值層次的個體抉擇上。而在前面的文字中，我們已經提到過，在朱子的系統內，能夠做

〔註105〕見李明輝：〈朱子論惡之根源〉，《國際朱子學會議論文集》（台北：中國文哲研究所籌備處，1993年5月），頁551～580。

〔註106〕見黎靖德編：《朱子語類》（北京：中華書局，2004年2月），冊1，卷4，頁69。

爲一切活動的主導者即是心，因此道德的抉擇實際上便是在心上做，所以朱子曾說：「心是動底物事，自然有善惡。且如惻隱是善也，見孺子入井而無惻隱之心，便是惡矣。」〔註107〕此所謂動底事物，即在表明心有臨事抉擇的能力。勞思光先生在其《中國哲學史》中談到朱子宇宙論系統時，即曾表示朱子在上述「氣強理弱」義的這段文字中已然涉及到了「未定項」問題的初步解釋。〔註108〕

同時，當這未定項問題因著系統的架構，而落在理與氣之兩端上時，則朱子必然要提出一套關於實踐上的行爲標準，以因應這懸而未決的情況，而有一正向、或者說是正確的道德實踐的發展。所以，朱子必然隨著這樣的理由，來強調一套工夫方法，而此套方法則又必然夾雜著提出者對於所謂「正向」、或者說是「正確」的道德實踐的理解方式，因而無法避免的，它必然會含著濃厚的個人的主觀色彩。在這樣的因素下，又必須加上朱子預設此心當就氣之靈上說，所以在解釋「心之不覺」的問題同時，也同樣受到此等心性觀的自身限制，而這樣的限制也同樣影響著朱子工夫方法的設計。

牟宗山先生嘗謂朱子的思想有膠著於《大學》，而大學又只是現象學地平說下去，故朱子於「根本」處提不住。〔註109〕意指朱子之工夫只是順著《大學》的格物致知教法，而爲空頭涵養，而言其「根本」提不住，及在言朱子復對孔子之仁、孟子之本心皆無相應之契悟。〔註110〕另外，比之《中庸》、《易傳》，《大學》的系統偏向綱領式的呈現，較少內容上規範，自然有助於與朱子本身的哲學系統融合。此皆是牟宗三先生針對朱子義理上的問題，而有鞭辟入裡的分析，此處接近於上段文字所說的自身限制的部份。然而，若再就上段文字說來，那麼朱子以《大學》爲基本的工夫入門的路徑，除了義理規模的限制外，仍然應當有個人的主觀要求含在其中。因此朱子自《禮記》中抽出《大學》，而將之併入《四書章句集註》，並且把它列爲四書之首，同時花費四時餘年的工夫爲之分經補傳，又作註解，自然有他的用心。蓋比之《中

〔註107〕見黎靖德編：《朱子語類》（北京：中華書局，2004 年 2 月），冊 1，卷 5，頁 86。

〔註108〕見勞思光：《新編中國哲學史》（三上）（台灣：三民書局，1983 年 2 月），頁 286。

〔註109〕見牟宗三：《心體與性體》（台北：正中圖書，2005 年 3 月），冊 3，頁 51～52。

〔註110〕見牟宗三：《心體與性體》（台北：正中圖書，2005 年 3 月），冊 3，頁 53。

庸》、《易傳》，《大學》一書在工夫上強調次第，不若直說至天道、本性，則顯然較偏向外緣，爲朱子以「大學」一詞當指「大人之學」，〔註111〕此是對比「小人之學」而言《大學》是成人之教，如此《大學》在朱子的理解中便含有由日常灑掃的小人之學，進至格物窮理的大人之學的成德歷程。此種由單純作息上的實踐教育進展至本源處的致知窮理，確實次第分明。而在上一章生平中，我們曾經提到朱子早年習禪對它後來的性格的影響，那麼《大學》中分明的次第教法不僅容易讓人學習，也可以減少朱子恐懼的悟性成份，在他的觀念中，這樣的情形無疑是比較能夠照顧到現實人生，契合朱子的對於實踐關懷的主觀要求，故朱子終於選擇大學作爲工夫入門的階梯。

只是，就如同我們前面所論述的，朱子與孟子不同心性觀發展，其於工夫上縱然力求次第分明、減少悟性成份，同時在心性論架構上對人之爲不善的問題提出另一種解釋，質疑孟子未能完備地解決此一問題，故朱子嘗謂：「孟子已見得性善，只就大本處理會，更不思量這下面善惡所由起處，有所謂氣稟各不同。後人看不出，所以惹得許多善惡混底說來相炒。」〔註112〕但朱子自身的理論系統卻也免不了產生的新的哲學問題。〔註113〕在孟子的義理中：「君子所以異於人者，以其存心也。君子以仁存心，以禮存心。」〔註114〕所謂以仁存心、以禮存心，表示本心是要在現實事件中具體呈顯、當下完成，因爲禮本由仁心體現而落實在現實人間。換句話說，在現實的場合，我們一旦本心萌發，則當下便與天道產生連結，即刻成就人性之善，此中一貫完成，無先後之分。因此我們可以說在孟子心學的脈絡下，心、性與天雖各有客觀意義，但在主觀修養上看來卻是一體直貫。反觀在朱子的脈絡中，縱使在實踐的要求下心與性得以說是貫通爲一，即：「問：『心是知覺，性是理。心與理如何得貫通爲一？』曰：『不須去著實通，本來貫通。』『如何本來貫通？』曰：『理無心，則無着處。』」〔註115〕但此等貫通卻不若孟子於主觀修養上的

〔註111〕見朱熹集註：《四書集註‧大學》（台南：大孚書局，2000 年 2 月），頁 1。

〔註112〕見黎靖德編：《朱子語類》（北京：中華書局，2004 年 2 月），冊 4，卷 59，頁 1386。

〔註113〕簡單地說，若朱子把惡（不善）的問題歸因給氣稟，那我們是否還需要位自己的惡的行爲負責呢？我們在第三章第二節〈經典閱讀與工夫實踐〉中敘述「虛心」的部分仍會談到這個問題。

〔註114〕見朱熹集註：《四書集註‧孟子‧離婁下》（台南：大孚書局，2000 年 2 月），頁 120。

〔註115〕見黎靖德編：《朱子語類》（北京：中華書局，2004 年），冊 1，卷 5，頁 85。

心性一貫，而是在格物窮理意義下方才能說的朱子式的「心與理爲一」。〔註116〕故朱子在心性上的思考便落爲體用二分的情況，所以當朱子解釋孟子「惻隱之心，仁之端也」，〔註117〕遂以「此是性上見得心。蓋心便是包得那性情，性是體，情是用。」〔註118〕此是以體用義說之。若以體用義說之，那麼朱子的工夫就不如孟子由本心自身當下體認天理這般直接，所以在朱子處，情感實踐如何符合本性的問題恐怕比孟子更難解決。朱子每言及工夫修養，便要不斷強調涵養、致知，以期待情用所發，皆能合理中節，而統攝情用與性理者又是心，所以朱子工夫論的關鍵問題便落在心的認定上了。

第三節　理與氣合，方成箇心

在上一節中，我們曾經提到朱子經由對超越的天理的分析，同時肯定了人之所以爲人的價值根本來源，故朱子說：「理者，天之體；命者，理之用。性是人之所受，情是性之用。」〔註119〕天以理爲體，吾人承天之命，內在而爲人之性，通過此性的發動，便是情之用。雖然通過前面的討論後，我們知道朱子關於理、性、心、情等名義均有不同於孔孟、《中庸》、《易傳》者，然而此種天降命於我而爲性的骨架，仍然是儒家基本的格局。朱子也是以這樣的立場來說明人的價值根源在於天，而性則是內在於我的價值根源。可是如果說性是我們的價值根源，但是根據理一分殊的意義，則物各有理，亦當各有其性，是故朱子回答學生「至誠盡性」之「盡」義時，曾說：「如至誠唯能盡性，只盡性時萬物之理都無不盡了。故盡其性，便盡人之性；盡人之性，便盡物之性。」〔註120〕這裡我們姑且不論「盡」是何義，而只就「盡物之性」

〔註116〕原文：「吾以心與理爲一，彼以心與理爲二。亦非固欲如此，乃是見處不同，彼見得心空而無理，此見得心雖空而萬理咸備也。雖說心與理一，不察乎氣稟物欲之私，是見得不眞，故有此病。《大學》所(謂)[以]貴格物也。」見黎靖德編：《朱子語類》（北京：中華書局，2004年2月），冊8，卷126，頁3015～3016。
〔註117〕見朱熹集註：《四書集註・孟子・公孫丑上》（台南：大孚書局，2000年2月），頁46。
〔註118〕見黎靖德編：《朱子語類》（北京：中華書局，2004年2月），冊1，卷5，頁91。
〔註119〕見黎靖德編：《朱子語類》（北京：中華書局，2004年2月），冊1，卷5，頁82。
〔註120〕見黎靖德編：《朱子語類》（北京：中華書局，2004年2月），冊2，卷17，

一語，即可見人有性、物亦有性，〔註121〕那麼說性是人之所以爲人的根據，似乎未達到究竟處。

翻看《朱子語類》，又有這樣的說法：

> 氣雖有不齊，而得之以有生者，在人物莫不皆有理；雖有所謂同，而得之以爲性者，人則獨異於物。故爲知覺，爲運動者，此氣也；爲仁義，爲禮智者，此理也。知覺運動，人能之，物亦能之；而仁義禮智，則物固有之，而豈能全之乎！今告子乃欲指其氣而遺其理，梏於其同者，而不知其所謂異者，此所以見闢於孟子。〔註122〕

此辨人與物二者之差異。因爲如果朱子說人與物二者皆可稟天之理而爲性，則人有性、物亦有性。故上文中說人有仁義禮智，物亦有仁義禮智，則二者之異又當如何區分？這就成了一個問題。先前我們在介紹諸家論朱子之心時，曾提到唐君毅先生認爲朱子以：「萬物雖亦依此理以生，然不似人之有此心者，能自覺其內具此理爲其性，而自盡其心以知之。」〔註123〕以此來凸顯人物之別，如此解釋，頗有程明道言：「都自這裡出去，只是物不能推，人則能推之。」〔註124〕的意思。這也就是上文朱子說縱使物亦有仁義禮智，但「豈能全之乎」的意思。因此這裡人物之別的關鍵便轉落在知覺上區分，而知覺是心之事，那麼朱子區別人與物似乎又是在心上看，也就是由人之有心而萬物無心來說人之有別於萬物，而如唐君毅先生分析說：「故有心之人與萬物，即不同其類。」〔註125〕然則引文又謂「知覺運動，人能之，物亦能之。」朱子也嘗謂：「天下之物，至微至細者，亦皆有心。」〔註126〕可見在朱子的理解

頁 381。

〔註121〕或見《語類》云：「問：『枯槁之物亦有性，是如何？』曰：『是他合下有此理，故云天下無性外之物。』」（見黎靖德編：《朱子語類》（北京：中華書局，2004年2月），冊1，卷4，頁61。）

〔註122〕此條語錄爲學生所言，而經朱子認可。見黎靖德編：《朱子語類》（北京：中華書局，2004年2月），冊1，卷4，頁59。

〔註123〕見唐君毅：《中國哲學原論‧導論篇》（台北：台灣學生書局，1986年9月），頁501。

〔註124〕見程顥，程頤：《河南程氏遺書》，《二程集》（北京：中華書局，1981年7月），卷2上，頁34。

〔註125〕見唐君毅：《中國哲學原論‧導論篇》（台北：台灣學生書局，1986年9月），頁501。

〔註126〕見黎靖德編：《朱子語類》（北京：中華書局，2004年2月），冊1，卷4，頁60。

中，人有知覺，物亦有知覺，那麼又如何可以就知覺上別物我之相異？而將人物之分僅以一句在心上說便交代過去？

　　以下先就《孟子‧告子上》十五章論大體小體，配合朱子在此章中闡述義理的注文，來就孟子心學凸顯朱子論心的特色與有別於孟子者，並以此指出朱子論心與知覺之重點：

> 公都子問曰：「鈞是人也，或爲大人，或爲小人，何也？」孟子曰：「從其大體爲大人，從其小體爲小人。」曰：「鈞是人也，或從其大體，或從其小體，何也？」曰：「耳目之官不思，而蔽於物。物交物，則引之而已矣。心之官則思；思則得之，不思則不得也。此天之所與我者，先立乎其大者，則其小者不能奪也。此爲大人而已矣。」〔註127〕

公都子詢問孟子關於君子與小人究竟該如何加以區別，進一步來說，也就是問君子、小人的定義問題。但是面對這樣一個問題，孟子並不採取邏輯學上那種以種差加屬概念的方式來回答，反而將問題帶往追隨大體或追隨小體的選擇上，來回應公都子的疑惑。而實際上孟子回覆中言及對大體、小體的選擇，當是屬於價值層次的分判，孟子將君子與小人間的區別拉到此處討論，或許就是認爲此二者間的差異本來就不應當只落在知識概念的討論上，卻是關涉著價值追求的根本問題。

　　在價值的層次上，孟子以大體說心，以小體說耳目感官，並且直接以自覺之「思」來點出心的意義。而此心能不受物牽物引，以「思」體道，當下領略「此天之所與我者」的意義，即刻落實，回應個人身處的世界，而能成就無限的道德價值。

　　牟宗三先生曾於《圓善論》中指出朱子解釋此章時，將「此天之所與我者」的「此」字，解爲耳目之官與心之官三者，此種註解與孟子原文義理不合，〔註128〕這是很精確的分析。從朱子有此誤解，即可以見到他在於心性系統上與孟子的不相應。蓋孟子言「此天之所與我者。先立乎其大者，則其小者不能奪也。」乃在申明本心自覺之重要性，換句話說，也就是承繼上文「心之官則思」的義理，強調心之能思能覺是天所與我的先天本能，人人皆有，

〔註127〕見朱熹集註：《四書集註‧孟子‧告子上》（台南：大孚書局，2000 年 2 月），頁 170。
〔註128〕見牟宗三：《圓善論》（台北：學生書局，1985 年），頁 52。

只要當下掌握，一念自反，生命便可以從道德實踐中脫離物慾牽引。然而就朱子看來，「心之官則思」的意思則是：

> 心則能思，而以思爲職，凡事物之來，心得其職，則得其理，而物不能蔽，失其職，則不得其理，而物來蔽之。此三者，皆天之所以與我者，而心爲大，若能有以立之，則事無不思，而耳目之欲不能奪之矣！〔註129〕

朱子以心之思爲心之職，並進一步說明此「職」的意義在於應物而得物之理。由應物而求理來解「思」的意義，很明顯是落在格物致知的修養工夫論上來說心的能力，只是這麼一來，朱子思的意義其實已經不同於孟子一開始言思的意義了。我們知道孟子之思是就覺上來理解，即心對「德行意義之自覺」，〔註130〕唯此「覺」當是緊扣著個人生命對道德意義的充盡上來說，也就是對本性的掌握來言心之覺，而不是指對外物之理的掌握。而在朱子的系統中，則是以應物求理談心之思，如此思便成爲一種心關涉著事物之時所需具備的能力，在這樣的理解下，心思的意義並不同於孟子心、性、天一貫意義下的「思則得之」的當下自覺。同時，在朱子以心之知理來說心之職的過程中，我們也可推得，此欲爲心所知之理是外於心者，爲心所欲明的一個對象，因此可以確定理非吾人本具，而是吾人所當具者。而牟宗三先生判朱子不屬自律道德，也同樣是在此意義下，故說：「只順心用而觀物，即曰：『順取』。故其正面意思只是『以心觀物，則物之理得』，『本心以窮理，而順理以應物』，此即爲『順取』之路也。如是，心只停在其認知的作用，而永遠與物爲對，以成其爲主。此非本心仁體之爲於穆不已的創生大主之義也。故其『順理以應物』之道德只成爲他律道德，而非自律之道德。此其所以不識體也。」〔註131〕此種轉折導致朱子遂由本具義轉向至當具義，也就是由此心本具仁義之性轉向而成此心當具仁義之性，遂需展開朱子格物致知的橫攝工夫。

但基於這關係下的心之思、心之覺，由於對象轉至物上，那麼它是否只成爲一種以形下事物爲主的認知關係，或氣之認識上所引導出的能力？這是我們在處理心的「覺」義之前，所必須加以思索的問題。對此，朱子有一段

〔註129〕見朱熹集註：《四書集註・孟子 告子上》（台南：大孚書局，2000 年 2 月），頁 171。
〔註130〕見王邦雄、曾昭旭、楊祖漢：《孟子義理踪解》（台北：鵝湖出版社，2004 年），頁 90。此處所引義理由楊祖漢老師疏解。
〔註131〕見牟宗三：《心體與性體》（台北：正中圖書，2006 年 3 月），冊 1，頁 341。

燭火之喻：

> 問：「知覺是心之靈故如此，抑氣之爲邪？」曰：「不專是氣，是先
> 有知覺之理。理未知覺，氣聚成形，理與氣合，便能知覺。譬如這
> 燭火，是因得這脂膏，便有許多光焰。」問：「心之發處是氣否？」
> 曰：「也只是知覺。」〔註132〕

上面這一段問答是陳淳順著老師論定心爲氣心的說法而提出的問題。陳淳的
問題當然是很合情合理的，因爲如果說知覺本是心之事，也就是如同前文所
提到的「以思爲職」的「職」義，而且在朱子系統中心又屬於氣之靈，那麼
此中的「知覺」是否是氣之所爲呢？這是必須釐清的。

　　雖然燭火之喻未免過於落實於物質經驗中，但卻也很能展現朱子學說的
一些性格。首先，要有燭火當然必須要有燃燒的材料，但是例如脂膏的這些
物品，它們都只是幫助燭火出現的可燃物，並不能直接將它們視爲燭火出現
的理由，因爲燃燒材料雖然不能沒有，但是若要追問燭火出現的理由，重點
仍然要放在燃燒的自然律則上看，諸如燃點、化學反應……等等，而非將重
心放置於可抽換的可燃物質上。朱子這樣理解，其實是將心之所以知覺的理
由擺放在理上來講，因此才說「先有知覺之理」，而此句中所已言「先」，依
燭火之喻看來，自然是指得理序上的先，也就是說，心之所以有此知覺當是
由其中有一先在的、超越的理，故心能承之而於氣上顯一知覺之表現，也就
是在脂膏中顯此光焰。那麼心之思、心之覺，雖然是在氣上得有具體的表現，
但因其根據於理的關係，自然又不能被簡化說成是奠基於形下之氣物，而僅
視之爲單純的認識論意義的一種能力。如此一來，在「凡事物之來，心得其
職，則得其理，而物不能蔽」一語中，朱子雖然是把「思」的意義放在心與
物二者的關係上來談，但朱子所言之「思」，實是據理而有之，非能只就氣上
去尋一知覺的根源，至於氣也只可說是知覺表現的可能，此即前述「知覺運
動，人能之，物亦能之」的氣能知覺的意義。因此，雖然我們可以就「理與
氣合，便能知覺」這一句話來推敲，認爲心之能「知覺」的根源是放在形上
之理，但卻仍然不能忽略形下的氣，因爲燭火、光焰的表現，還是少不了脂
膏的存在，換言之，若無氣的存在，也根本無知覺不知覺可談。朱子這樣的
理解是很重要的，因爲道德實踐的過程不是只有對性理的掌握而已，它必然

〔註132〕見黎靖德編：《朱子語類》（北京：中華書局，2004年2月），冊1，卷5，頁
　　　85。

伴隨著經驗的落實，更何況對性理的掌握也不是憑空的進行，所謂格物致知本是在一切蘊含天理的對象、人事中來進行。這是很注重道德實踐與現實世界的思維，而在這樣的思維下，朱子的心便成爲了在經驗方向上的實踐起點。

於是我們可以進而釐清幾個有關於心的思考，首先據「此三者，皆天之所以與我者，而心爲大」一詞，我們可以斷言朱子的心並非孟子所言的本心，不然其不會與耳目感官等小體並列。再來，關於心有思一事，這是朱子與孟子皆能肯定的，唯二者認定的意義仍然不同，有關孟子的部分，前面已經有過敘述，至於朱子所言的知覺，我們則認爲它當有根據理而來的超越意義，不當僅平擺的視爲認識論的說詞，至於知覺與心二者的關係，我們還可以透過以下引文進一步釐清：

> 問：「合虛與氣，有性之名；合性與知覺，有心之名。」曰：「虛，只是說理。橫渠之言大率有未瑩處。有心則自有知覺，又何合性與知覺之有！」〔註133〕

這段文字是朱子因著回答弟子，就張載《正蒙》一書「合性與知覺，有心之名。」〔註134〕的一段文句，所做出的解釋。橫渠以太虛言天，卻說綜合虛與氣有性之名義，朱子似乎略覺其所言之不適當，故以理解釋虛，簡單帶過，而對「合性與知覺，有心之名。」亦表示疑義，因此澄清表示「有心則自有知覺」，又說心不是合性與知覺而有之。那麼若再佐以「所覺者，心之理也；能覺者，氣之靈也。」〔註135〕所提示的意義，則心之爲氣之靈，是由於心之能知覺，則朱子以知覺言心之義便很清楚了，所以朱子反對合性與知覺而言心的理由也能躍然紙上。蓋若知覺本指著心就氣上而顯的一種能力，則心本身即是知覺，那又怎能說知覺是合性與知覺而有的呢？依朱子的系統，我們只要說心有知覺，或知覺顯於氣即可，故說「具形氣謂之人，合義理謂之道，有知覺謂之心。」〔註136〕其實不必說到「合性與知覺，有心之名。」性只能是心所以知覺的根據，就知覺的展現而言，還是要形諸於氣上方見其具體作

〔註133〕見黎靖德編：《朱子語類》（北京：中華書局，2004年2月），冊4，卷60，頁1432。

〔註134〕見張載：《張載集》（北京：中華書局，2006年12月），頁9。

〔註135〕見黎靖德編：《朱子語類》（北京：中華書局，2004年2月），冊1，卷5，頁85。

〔註136〕見黎靖德編：《朱子語類》（北京：中華書局，2004年2月），冊8，卷140，頁3340。

用。如此朱子亦須將能展現知覺的心的一端歸結在氣上，而這不外是就能力的運用的意義上來說。實在說來在朱子心中，心只是知覺而已，而言心是氣之靈，是就此知覺有承超越的根據而來的而得以實現的能力。瞭解這些後，我們便可以回到本節開頭的人物之辨處，而必須回答所謂「知覺運動，人能之，物亦能之」又是什麼意思。

關於知覺與心一事，朱子又曾說：「人只有一箇心，但知覺得道理底是道心，知覺得聲色臭味底是人心，不爭得多。」此處朱子分判道心、人心，並以道心是就知覺道理，人心是就知覺聲色來規定二者。依此，我們知道人心的知覺是在感觸層上作用，它的對象是感官嗅味，這種知覺運動是人、物一般的，故得說「人能之，物亦能之」；而我們先前指出的根據理而說的知覺，其意義是「凡事物之來，心得其職，則得其理，而物不能蔽」，它對象是人倫事理，依朱子前述的規定，此等知覺當是道心的層次。〔註137〕如此在人心處說一知覺，在道心處說一知覺，我們看到朱子似乎將知覺分為二種，只是如果真有兩種知覺，不正意味著有兩個知覺對象不同而互相對抗的心？而且，如果承認知覺是根據理而說，則又如何說知覺是有從氣稟物欲之私，而發為不善？此外，人心與道心的關係又該如何解釋？這裡我們可以透過康德在談論惡的原則與善的原則皆內處於人性之中的觀點，來類比地理解所謂知覺於理，與知覺於氣並非指由兩個心分別統攝兩種知覺的意思，以下我們先看康德的說法。康德認為我們不能將惡的來由歸咎於感性，因為在這樣的歸因下，我們並無需為我們的行為負責，因為那創造者並不來自於我們主體自由意志的選擇，〔註138〕對此，康德表示：

> 然而，我們卻要為趨惡的傾向承擔責任。趨惡的傾向由於涉及主體的道德性，從而是在作為一個自由行動的存在物的主體中被發現的，所以作為咎由自取的東西，它必須要能夠被歸咎於主體。〔註139〕

〔註137〕如此說來，朱子的心便兼有人心、道心的兩重價值取向，則當有兩個問題需要解決，首先，若心能知覺性理，那麼何以有人心向欲的問題；再者，何以人會選擇道心而非人心，人又如何自氣性中自我上提，此處也涉及動力根源的問題需要解決。這些相關討論因已涉及朱子的工夫論，我們將留待第四章中討論，以免重複。

〔註138〕見康德著，李秋零譯：《單純理性限度內的宗教》（台北：商周出版，2005年4月），頁91。

〔註139〕見康德著，李秋零譯：《單純理性限度內的宗教》（台北：商周出版，2005年4月），頁91～92。

換言之，康德認爲惡的根源亦只能就主體上說，惡的產生只有在因著我們的選擇——也就是所謂「咎由自取」〔註140〕的自由決定中，方能被檢討責任，因此，惡的來源仍需奠基於自由之上。用康德的意思來說，惡的發生是由於人在動機選擇上產生的主從的錯置，意即「人（即使是最好之人）之所以是惡的，乃是由於他把各種動機納入自己的準則時，顛倒了他們的道德次序」，〔註141〕因此若追究惡，便要導向人的自由決意（自由的任性）中對道德次序的違反。當然，在《道德底形上學之基本原則》中，我們已經知道，人的自由意志唯有依據道德法則的定然律令而行，才稱得上不爲感性欲求、自然條件影響的絕對自由，反觀那些受性好而行的決意，實際上仍需服從於因果律的控制。〔註142〕但康德此處乃是要將焦點擺放在承擔責任上來說，這一重心的轉移，意即在性好之中，縱使我們的選擇本身受到欲求影響，但選擇的當下仍是以主體自由意志的發揮作爲背景，也只有如此說我們才能要求擔負責任。康德將惡的來源與善的來源皆歸向於自由的這一觀點，正是我們可以注意的。它恰好可以用來類比地解釋性理若是心所以知覺的根據與對象，何以又說有依循聲色知覺而爲人心。因爲，若依據康德的意思，自由意志依據道德法則而成立，它本來只能說是善，但是作用於經驗上以決定道德次序的自由（即上述的任性的自由，或自由決意），卻在道德次序的排列上有錯置，遂發生惡，只是這惡仍然必須依於超越的自由爲經驗上得有自由決意的可能。如此說來，心的知覺活動本來是從理的，朱子說「先有知覺之理」，已經指出知覺有從理而來的根據，指出人有依理而爲的道心，然而又說「心之理是太極，心之動靜是陰陽」，〔註143〕此語一方面肯定了心本身也有從氣說的活動性，作爲實現原則，因爲能活動心才得以落實依理知覺的道德實踐，但另一方面卻也有爲氣稟影響的可能，此即上一節引文中所說的：「心是動底物事，自然有善惡。且如惻隱是善也，見孺子入井而無惻隱之心，便是惡矣。」知

〔註140〕關於此句，牟宗三先生於《圓善論》中譯爲：「而且結果亦是被發現于此主體之爲一自由活動着的存有中……」見牟宗三：《圓善論》（台北：台灣學生書局，1985 年七月），頁 97～98。

〔註141〕見康德著，李秋零譯：《單純理性限度內的宗教》（台北：商周出版，2005 年 4 月），頁 93。

〔註142〕相關討論可參看牟宗三譯註：《道德底形上學之基本原則》，《康德的道德哲學》（台北：台灣學生書局，2000 年 5 月再版 4 刷），第三節部分。

〔註143〕見黎靖德編：《朱子語類》（北京：中華書局，2004 年 2 月），冊 1，卷 5，頁 84。

覺的本身在此便有其受氣稟影響，追逐聲色臭味而轉爲人心的可能，因此我們可以看到《語類》中有這樣一段問答：

> 問：「心之爲物，眾理具足。所發之善，固出於心。至所發不善，皆氣稟物欲之私，亦出於心否？」曰：「固非心之本體，然亦是出於心也。」又問：「此所謂人心否？」曰：「是。」子升因問：「人心亦兼善惡否？」曰：「亦兼說。」〔註144〕

人心是落在氣稟物欲中說的，它不像道心以理爲知覺，一切處事接物，皆能成就道德價值，它的行爲只是依循著私情，是生理的、中性義的，而有可善可惡的表現。因此若確實地說，縱使人心爲善，也僅僅是在目的上偶然間合於一般的道德標準，因此展現出表面上類似於道德的善，並不等同於道心之以道德之理發爲道德實踐，完全純粹且不涉及私慾。朱子強調，心之顯爲人心並不是「心之本體」，我們不能只就可善可惡的人心來認定他是心的本然狀態，這樣的人心只是展現在我們眼前的一種現實上、經驗義的心，我們必須知道它背後仍有道心存在，換言之，也就是有以理作爲知覺根據的存在，我們應當注意到這種存在無疑是更爲基礎的。因此，人心的知覺與道心的知覺皆是根據理而來，只是前者受氣稟物欲牽引，後者純粹如實展現，縱使兩者在對象上有不同取向，我們也不能說這裡存在著兩種知覺而有兩個心，此即朱子所謂「非有兩箇心。道心、人心，本只是一箇物事，但所知覺不同。」〔註145〕的意思。

　　了解這層道理後，那麼前述的心以能知覺而爲氣之靈，其中的靈的意義是就人心上說，還是道心上說的問題也就不難解決了，因爲如果知覺是就著人心上說，那麼這樣的知覺只是順著氣性生命，隨著感官能力而說的知覺，如此一來凡飢則食，凡渴則飲，則人能、物亦能，凡一切有氣性生命者皆能，此種知覺活動只能說是自然律則的作用，無法有承超越之理爲根據而說的意義。換句話說，此等心之知覺，僅與氣化同層，其依據不過氣之性質，其能力亦受氣質環境的侷限，並不足以稱爲氣之靈。因此知覺一事雖因對象而有人心、道心的區別，但就一心之得以稱爲氣之靈、氣之精爽，又必然是就此心能以理爲根據，並以之知覺道理來說。所以，當朱子以心根據理而言知覺

〔註144〕見黎靖德編：《朱子語類》（北京：中華書局，2004 年 2 月），冊 1，卷 5，頁 86。

〔註145〕見黎靖德編：《朱子語類》（北京：中華書局，2004 年 2 月），冊 5，卷 78，頁 2010。

道理時，又常以「靈」字形容此心，譬如：

> 人心虛靈，無所不明；禽獸便昏了，只有一兩路子明。人之虛靈皆推得去，禽獸便推不去。人若以私慾蔽了這箇虛靈，便是禽獸。人與禽獸只爭這些子，所以謂之『幾希』。〔註146〕

禽獸固有心有性，而只存感觸知覺，故昏而不明，無法見性；人之心若以性理為根據，則虛靈明覺，故能知性，又因性即理，知性則知萬理皆備於我心，〔註147〕故說無所不明。此段引文中的虛靈一詞，顯然是就道心之能知理、具理說，故此知覺一旦受私慾蒙蔽，則道心立即隱去，只剩人心知覺，則情欲流竄，知覺活動只與禽獸一般。朱子因此有警語說：「蓋人為萬物之靈，自是與物異。若迷其靈而昏之，則與禽獸何別？」〔註148〕所以，人物之分辨只在此心能否知性、知理，即此心無有靈覺時，人便失其為人之價值只同禽獸一般，此時縱有知覺，也只是從耳目感觀上說，實不足以言為人之心，照朱子的意思，恐怕亦不得稱之為氣之靈、氣之精爽。

　　以氣之靈、氣之精爽言心的方式，也就點出了朱子對心的兩種重要的觀點，第一是就做為主宰的意義上來說心，第二是進一步由心與理氣結合的問題來說心。就心之做為吾人的主宰來說，朱子必然要凸顯心與氣之差異性，故以心為氣之靈，即說明了此心屬氣而不與氣完全相同，因此說其靈，則靈是就與氣之相異處說，換言之也就點明了朱子之心之靈覺，並不全然等同於一般所謂的認知心之認知義。對於此處我們可以簡單的就能力與對象來說明。即在能力上，心因其根據於理，故能超脫於氣之所限，不於感物應事時生起執著、陷溺於物，故得為個體在現實活動中之主宰，遂得言其為氣之靈；其次，就對象上講，則此相異處是就朱子之心之所向者是理，即以知性、知理做為首要，這是價值義的抉擇，這同時也就是我們先前說心有以理作為知覺根據的基礎存在，一般的認知心並未達至此層，僅展現了人心層次的意義，朱子之心並非只在單純認識論意義上說。

　　除此之外，我們還可以就心之具理上說心之為氣之靈的意義。關於此義，

〔註146〕見黎靖德編：《朱子語類》（北京：中華書局，2004 年 2 月），冊 4，卷 57，頁 1347。

〔註147〕此即朱子所言的：「此心本來虛靈，萬理具備，事事物物皆所當知。」見黎靖德編：《朱子語類》（北京：中華書局，2004 年 2 月），冊 4，卷 60，頁 1425。

〔註148〕見黎靖德編：《朱子語類》（北京：中華書局，2004 年 2 月），冊 1，卷 8，頁 132。

除了可以由上述對於道心的詮釋─即以心之靈乃是就心得以知理上說─來加以說明外，我們還可以更進一步，就心的本質意義上做出解釋。此即陳淳在《北溪字義》中提出的意思：

> 大抵人得天地之理爲性，得天地之氣爲體。理與氣合，方成箇心，有箇虛靈知覺，便是身之所以爲主宰處。然這虛靈知覺，有從理而發者，有從心而發者，又各不同也。〔註149〕

陳淳是朱子晚年十分親近的弟子，當時朱子身體已經衰弱，陳淳即常入臥室聽教，〔註150〕而《北溪字義》所談論的義理，多半承著朱子的教誨而來，〔註151〕因此上面所錄的這段文字亦很有助於我們重新檢視心、性、氣三者的關係。陳淳此處說心爲理氣之合，並非是說將心做爲一總合理與氣的概念，遂視其取理之概念與氣之概念的加總，再以此說明心之本質屬性；當然也不是僅取理之概念與氣之概念中的共同者，以爲二者內涵之交集，權說之爲心。此處所言的「理與氣合，方成箇心」，正是依照朱子「理未知覺，氣聚成形，理與氣合，便能知覺。」的意思說下來，它指出能做爲身之主宰，並統貫性情的心，雖然因爲知覺不能離氣單獨的說，故心不能離氣而言之，離氣則心無實踐的能力。故北溪又說：

> 性只是理，全是善而無惡。心含理與氣，理固全是善，氣便含兩頭在，未便全是善底物，心是箇活物，不是帖靜死定在這裏，常愛動。心之動，是乘氣動。故文公〈感興詩〉曰：「人心妙不測，出入乘氣機。」正謂此也。心之活處，是因氣成便會活。其靈處，是因理與氣合便會靈。所謂妙者，非是言至好，是言其不可測。〔註152〕

既然氣爲心所乘，則心之活動便不可脫離氣而說，脫離氣，心便失卻其活動意義，也不得稱其爲心。北溪此說亦很能說明心之所以有從理而發之道心，與從氣而行之人心的緣由。只是在這裡我們也不得僅以氣之性質便侷限心與理的關係，蓋其本源仍「有從理而發者」，所以我們對心與性、或心與理之間的溝通討論，能得保有其可能性。因此，當我們回顧朱子說心是氣之靈時，此靈之意義

〔註149〕見陳淳著：《北溪字義》（北京：中華書局，2009年4月），卷上，頁11。
〔註150〕見陳榮捷著，萬先法譯：〈陳淳：《北溪字義》英譯本：導言〉，《朱學論集》（台北：台灣學生書局，1988年4月），第二小節，頁491～494。
〔註151〕見陳榮捷著，萬先法譯：〈陳淳：《北溪字義》英譯本：導言〉，《朱學論集》（台北：台灣學生書局，1988年4月），第三小節，頁494～503。
〔註152〕見陳淳著：《北溪字義》（北京：中華書局，2009年4月），卷上，頁12。

若純粹由氣上說，而以其為氣之最具條理、最清澈者，則此種理解並保不住此靈之意義。因為此種說法仍將靈置於氣上說一情況、象狀，此情況、象狀只是氣的表現，如同人有昏愚、明智，皆只是說氣質，則靈之意義並不能令心與氣有所區別，故說心為氣之靈，氣之精爽，而不說心是氣（心等同於氣），只說知覺是氣，這便提示了氣與心當有其異處，而異處即在此靈上說，而此靈既然不能由氣上推，則必如陳淳之由「理與氣合，方成箇心」一義之規定下，轉由理上推，而得以言此靈是由理而說，不是由氣而說，並由此確立心是氣之靈的意義。此亦如明儒薛敬之論朱子之心時曾謂：「一身皆是氣，惟心無氣。隨氣而為浮沉出入者，是心也。人皆是氣，氣中靈底便是心。故朱子曰：『心者，氣之精爽。』」〔註153〕薛敬之（思菴）以心能「乘氣以管攝萬物，而自為氣之主」〔註154〕故言「隨氣而為浮沉出入者，是心也」，只是同時又說「一身皆是氣，惟心無氣。」並不直接將隨氣「浮沉出入」的心徑直地等同於氣，若要瞭解此意，仍必須就前者所述的兩重觀點來思考，蓋唯有如此方能提住心之「乘氣管攝萬物」的主宰義，而得稱其為「氣中靈底」。

但我們需要注意的是，朱子這樣的心之意義，仍然不會是孟子義的本心，畢竟氣之靈的意義如前所述，它只是表明了心由據理而來的主宰義，而此主宰意義絕不是道德主體的意義。關於這點，在我們上一節的論述中，已然表明心與性並不為一，心性兩者並不是相同的，而且，本節前方的論述也提到了，心與性理的關係是當具義，而非本具義，唯在心有據理而發時，此主宰之意義方能說得，換言之，此主宰義是由於心對於性理具有涵攝的能力，而得其為道德活動之實踐起點。因此這樣的意義便如同陳淳所說的是：「性從理來不離氣，知覺從氣來不離理，合性與知覺遂成這心，於是乎方有心之名。」〔註155〕心與性理的關係是緊密扣合，此是離氣不足以言心，離理亦不足以言心，而心之知覺是以性為根據，故說「合性與知覺」可有心之名。故吾人不得言心即是理，亦不得由心屬氣而只言心全是氣，蓋朱子之心乃是「理與氣合」，是氣之靈。

〔註153〕見黃宗羲著：《明儒學案·河東學案上》（上冊）（北京：中華書局，1986 年 10 月），卷 7，頁 132。

〔註154〕全文上下為：「心乘氣以管攝萬物，而自為氣之主，猶天地乘氣以生養萬物，而亦自為氣之主。」見黃宗羲著：《明儒學案·河東學案上》（上冊）（北京：中華書局，1986 年 10 月），卷 7，頁 132。

〔註155〕見陳淳著：《北溪字義》（北京：中華書局，2009 年 4 月），卷上，頁 13。

第三章 朱子讀書法的涵義及其地位

　　讀書法作爲朱子格物致知工夫中不可或缺的一環，本章的目的即在說明此工夫的具體操作爲何，並且透過對讀書法各步驟的解釋與各條目彼此的關聯，來進一步闡釋此等方法與朱子哲學系統二者間的關係。因此本章欲順著上章中對朱子心學的詮釋，進而爲朱子的讀書方法梳理出一套工夫歷程，以尋找可能的、合理的，或保有其積極意義的解釋觀點，來說明在這樣的工夫方法的使用上是否可能如朱子說的涵養此心，進而也分辨出朱子系統中知識閱讀與成德之教間的區隔，並探索二者是否能有溝通的可能。

第一節　朱子「讀書」的涵義及其在工夫論中之地位

　　儒家思想由於是實踐的哲學，因此其工夫方法一直是歷代賢哲念茲在茲，所欲嘗試辯明的重要議題。雖然孟子只是一句：「學問之道無他，求其放心而已矣！」〔註1〕然而後人總是要問，此放失之心究竟該如何求？這樣一個問題到了至今八百多年前的南宋，〔註2〕再次由朱子與象山二人齊聚於江西鵝湖寺的「鵝湖之會」中拉開爭議的序幕，只是接連數日的論學，終究未能讓二位鴻儒在工夫論上取得共識，反而加速了學術的分歧。〔註3〕對於二者之爭，黃宗羲則有言：「二先生同植綱常，同扶名教，同宗孔、孟。即使意見終

〔註1〕 見朱熹集註：《四書集註・孟子・告子上》（台南：大孚書局，2000 年 2 月），
　　　　頁 168。
〔註2〕 淳熙二年，西元 1175 年。
〔註3〕 見陳榮捷：《朱熹》（台北：三民書局，1990 年 2 月初版），頁 214。

不合，亦不過仁者見仁，智者見智⋯⋯」〔註4〕不過朱陸異同，實不可僅以「同植綱常，同扶名教，同宗孔、孟」，便視作大同小異，而一語帶過。因為在朱子與象山的爭論中，其實有各自義理背景在雙方的表述中。

後世學者，有就心學、理學的兩種範疇，來區別朱子與象山。然而將象山與朱子分別劃分為心學家或理學家的二分法，其實是很粗糙的，首先心學的範疇與理學的範疇究竟依何規定即是一問題，如同我們前章所敘述的，在朱子的哲學系統中，心之概念也非常重要，只言其是理學家，或許並不妥當。又或者，心學、理學之區分若是源自大陸學者常見的三系說——即濂溪、橫渠的氣學一系，二程、朱子的理學一系，象山、陽明的心學一系，則心與理的分法當指的是相對於唯物論（氣）的主觀唯心論與客觀唯心論，那麼所謂的理學家朱子，即成了以理為天地間的客觀精神的客觀唯心論者，而象山則成了以主觀精神解釋世間一切事物存在的主觀唯心論者，如此一來，恐怕會有以西方哲學格義中國哲學的問題，而在義理的掌握上難免讓人感到有些扞格。

除此之外，也有順朱子本人曾說：「今子靜所說，專是尊德性之事，而熹平日所論，卻是問學上多了。」〔註5〕的意見，直接以尊德性與道問學的區分，來解釋二者學術的分歧，也就是將二人的治學方法概括為尊德性與道問學這兩種取向。只是，我們如果稍微去翻看二人的語錄，便會發現朱子又何嘗不尊德性，象山又何嘗不道問學，所以這樣的劃分其實並不能夠指出二人的爭議點為何，因為若不就各自的哲學系統上談，那多半只能籠統的見出一個輪廓，並無法清楚回答這一個問題。

我們若回頭看這段發生在南宋初年的論爭，則當時陸象山所批評朱子之病乃是在於其學太過「支離」，〔註6〕不直接就本心上用功。故參與此場聚會的朱泰卿便曾對此做出結論說：

> 鵝湖之會，論及教人。元晦之意，欲令人泛觀博覽，而後歸之約。
> 二陸之意，欲先發明人之本心，而後使之博覽。朱以陸之教人為太

〔註4〕見黃宗羲原著，全祖望補修：《宋元學案・象山學案》（臺北：華世出版社，1987 年 9 月），冊 3，卷 58，頁 1887。

〔註5〕見朱杰人，嚴佐之，劉永翔主編：〈答項平父〉第二書，《晦庵先生朱文公文集》，《朱子全書》（上海：上海古籍出版社，安徽教育出版社，2002 年 12 月），第 23 冊，卷 54，頁 2541。

〔註6〕象山嘗駁朱子工夫太過支離，遂有賦詩曰：「易簡工夫終久大，支離事業竟浮沉。」見陸九淵著：《陸九淵集》（北京：中華書局，1980 年 1 月第 1 版），卷 34，頁 427。

簡，陸以朱之教人爲支離，此頗不合。〔註7〕

從這段文字裡，我們可以注意到，朱泰卿認爲象山之以朱子之學爲「支離」，在於朱子教人以泛觀博覽，而不能先注意到發明本心的問題，只是就外頭說出去，〔註8〕故又曾質疑朱子：「既不知尊德性，爲有所謂道問學？」〔註9〕如此則問題仍舊只在尊德性與道問學處打轉，象山此語並不眞能觸及兩人哲學系統在結構上的差異。而後人也往往以「泛觀博覽」之取捨作爲朱陸異同的癥結點，如此二人的爭論便很容易由哲學系統的差異滑轉成讀書與不讀書的問題。

實際上我們若能參照象山所遺存的文獻，便會發現象山本人又何嘗忽視讀書一事，他便曾向人強調：「人謂某不教人讀書，如敏求前日來問某下手處，某教他讀《旅獒》、《太甲》、《告子》『牛山之木以下』，何嘗不讀書來？只是比他人讀得別些子。」〔註10〕依此來看，象山之批評朱子學爲「支離」的意思，卻也不能簡單地就以朱子之教人以「泛觀博覽」地讀書，便說讀書一事只是「支離事業」。因此，牟宗三先生便認爲陸象山的批評實際上應當是就著本領工夫處來講。〔註11〕換句話說，眞有所謂「支離」者，當是以朱子的工夫未能自本心上做，只往外捉摸，捨本逐末，遂說其有「支離」的毛病。那麼博覽群書一事之所以被說爲「支離」，則是由於象山認爲一味地往外求理，根本不能照顧本心，這並不能稱得上是有本領意義的工夫。

順著這個意思往下說，下一步我們便要去追問朱子，看看他「泛觀博覽」的工夫是否眞有此種毛病。爲了縮小討論的範圍，我們在議及「泛觀博覽」一事時，儘就朱子的讀書法來做研討，否則所謂泛觀博覽一事，可以牽涉或廣或狹，因此這樣地規定也有助於我們釐清討論的焦點。除此之外選擇讀書法作爲研究對象，亦可針對朱子在論述成德的工夫中，最易招致爭議的部分，

〔註7〕　見陸九淵著：〈年譜〉，《陸九淵集》（北京：中華書局，1980年1月第1版），卷36，頁491。朱亨道註。

〔註8〕　「我這裡也說氣象，但不是就外面說。」見陸九淵著：《陸九淵集》（北京：中華書局，1980年1月第1版），卷34，頁425。

〔註9〕　見陸九淵著：《陸九淵集》（北京：中華書局，1980年1月第1版），卷34，頁400。

〔註10〕　見陸九淵著：《陸九淵集》（北京：中華書局，1980年1月第1版），卷35，頁446。

〔註11〕　見牟宗三：《心體與性體》（台北：正中圖書股份有限公司，2005年3月），冊3，頁122。

直接進行聚焦的討論。而「讀書法」一事對於朱子來說，也一直是他教育學生中極爲重視的一個項目，這點可由我們在本文緒論中提到朱子門人及其後學對讀書入道之序的討論與朱子讀書法相關議題的編撰活動中窺知一二，此外今日我們若翻開《朱子語類》，可以發現其中有兩卷，〔註12〕共計兩百二十條專論讀書法的篇章。同時，讀書法之於工夫論的價值更是不容忽視，讀書法本身即是修養工夫論中極爲重要的一個環節，朱子言工夫則必及於讀書法，我們若觀看《近思錄》中的〈格物窮理〉〔註13〕一卷便會發現，在全部七十八條文字中，除了爲首的二十二條在論述格物致知的道理外，其後的五十六條多是有關於讀書方法者。由這樣的比例即可了解讀書法在朱子格物致知的修養工夫中的重要性了。所以接下來我們即就「讀書法」一事來展開此議題的相關討論，由此思考「泛觀博覽」的讀書方法是否能夠成爲彰顯本心的修養工夫。

而上述對讀書法在朱子工夫論中的地位的簡單提示，也同時提醒我們，當我們進行讀書法的討論時，我們必須要注意到，朱子講說此一套讀書方法，是在何種意義、或氛圍下進行的，而這便涉及到朱子及其所處時代對讀書法的認識爲何。首先我們當然知道讀書法是以教人讀書爲目的，但此處的「教人讀書」之「讀書」應如何理解，卻必須還原於朱子的思想脈絡下，如果我們就《朱子語類》看來，則〈讀書法〉上、下兩卷是存在於〈知行〉之後與〈持守〉之前的，而〈知行〉與〈持守〉兩篇皆在論涵養與存心等修養工夫。若再擴大一點來看，〈讀書法〉又同時與〈小學〉、〈總論爲學之方〉、〈知行〉、〈持守〉、〈力行〉等篇並列於「學」的範疇內，如就〈小學〉、〈總論爲學之方〉、〈知行〉、〈持守〉、〈力行〉五篇文字進行閱讀，則會發現此五篇皆涉及修養方法，如〈小學〉中云：「小學是事，如事君，事父，事兄，處友等事，只是教他依此規矩做去。大學是發明此事之理。」〔註14〕此語明顯是在討論倫理的規範與意義二者的學習相對於小學、大學的層次的關係。因此由「學」

〔註12〕即在《朱子語類》中歸類於學之下的第十卷、第十一卷。

〔註13〕此爲《朱子語類》中朱子自定之卷目，若依坊間通行的《近思錄》版本，即宋人葉采《近思錄集解》所編卷目，則當爲「致知」。值得注意的是，對於朱子而言，他本人並不贊同以一事名各卷之綱目，參見黎靖德編：《朱子語類》（北京：中華書局，2004年2月），冊7，卷105，頁2629。

〔註14〕見黎靖德編：《朱子語類》（北京：中華書局，2004年2月），冊1，卷7，頁125。

所總括的這五篇的共通點，乃在於說明朱子思想中的修養工夫的意義與依循的方法。如此說來，包含於五篇之中，並順著由〈知行〉一路發展到〈力行〉這樣脈絡中的〈讀書法〉，其「讀書」一詞的意義當是指陳一種修養的工夫，而其本質並不完全等同於我們今日所說的「閱讀書籍」之讀書，至少我們可以從目錄分類上確定它在外延中包涵了修養一義。關於這點我們若由上述《近思錄‧格物窮理》卷中讀書法佔了該卷七成二的比例，也可以看出讀書與格物致知在本質意義當有一定程度的關聯。有這樣的背景理解後，除了讓我們能夠更集中精神在思考讀書方法與本心修養的關聯，同時也可避開一般受到現代「讀書」概念的制約，而在討論中，逕自將朱子的讀書法置於西方學科分類下，採取認識論的意義來做理解，以至於把尺度擺放在認知系統的規則上去思考朱子學，從而忽略了朱子提出這套方法的本懷乃在主體自身的修養上，也簡化了朱子哲學系統中原有的架構，遂另以一套西方心物二分、主客二元的立場來探索朱子的讀書法。

第二節　讀書法的基本理解與實踐意義

　　究竟朱子之讀書法是否僅是一種橫攝的認知意義，或可做為吾人的修養工夫？在本節中，為求適切的理解，我們必須回到朱子本人的敘述中對讀書法進行思考。以下我們列出在朱子的讀書法中幾個重要的概念，就「博學」、「精熟」、「虛心」、「讀書次第」、「切己」各個要點展開討論，當然朱子於讀書法中所提出的見解並不止這些，因此我們在各項要點中附帶論及相近與關聯的觀念，如於「精熟」處亦涉及「專一」的討論。此外，在朱子的讀書法中，各項要點自與其餘要點有著互相涵攝的關係，如「專一」之概念於「精熟」與「虛心」的討論中皆有牽涉。

一、博學與精熟

　　在面對朱子的讀書方法時，我們首先可能會遭遇到的第一個問題即是朱子對於「博學」的要求，何謂「博學」，朱子曾解釋說：「博學，謂天地萬物之理，修己治人之方，皆所當學。」〔註15〕因此舉凡天地間一切涉及待人接

〔註15〕見黎靖德編：《朱子語類》（北京：中華書局，2004 年 2 月），冊 1，卷 8，頁142。

物的各種大小事項，皆囊括在博學的範圍中。至於「博學」的概念使用於讀書法時，便有廣泛且大量的閱讀的意思，故朱子說：

> 故必先觀《論》《孟》《大學》《中庸》，以考聖賢之意；讀史，以考存亡治亂之迹；讀諸子百家，以見其駁雜之病。其節目自有次序，不可踰越。近日學者多喜從約，而不於博求之。不知不求於博，何以考驗其約！〔註16〕

朱子認為就讀書而言，首當遍觀《論》、《孟》、《大學》、《中庸》四書，以考明聖賢之意，至於其後則須讀史，以求能掌握各代興衰存亡的變化，接下來進而要能讀諸子百家的言論，並要求能清楚分辨其中的駁雜混亂處。雖然在後文中朱子也談及只博而不約亦不可，可是此處所強調的泛觀博覽，同時又帶有次序性的閱讀要求，不正是屬於知識經驗的積累嗎？要解答這個問題，我們必須回顧在上一節裡，我們指出「讀書」一義在朱子的理解中，當是指向修養工夫。換言之，朱子的讀書法是以個體的人格修養為目的，因此，它的終點是要走向完美的人格，也就是聖人境界的追求，然而在朱子的眼中，如何才是聖人境界呢？我們可以從下面這段文字略窺一二：

> 聖賢出來撫臨萬物，各因其性而導之。如昆蟲草木，未嘗不順其性，如取之以時，用之有節：當春生時「不殀夭，不覆巢，不殺胎；草木零落，然後入山林；獺祭魚，然後虞人入澤梁；豺祭獸，然後田獵」。所以能使萬物各得其所者，惟是先知得天地本來生生之意。〔註17〕

此處是順著天理循環的有時有序，說至聖賢處事應物亦是各因其性而引導之，因此聖賢對待每一事物，皆是順著天理而為，順著本性而行，所以在處事應物上當取則取，當用則用，萬物即在聖賢的此種承天啟用下各得其所。這種理想境界一向是朱子所重視的，因此門人陳淳也曾順著老師的意思，在疏解心字意義時，依朱子敘說人心湛然虛明：「必知至意誠，無所私係，然後物之未感，則此心之體寂然不動，如鑑之空、如衡之平；物之既感，則妍媸高下隨物以應，皆因彼之自爾而我無所與。」〔註18〕的講法，來解說聖賢生

〔註16〕 見黎靖德編：《朱子語類》（北京：中華書局，2004年2月），冊1，卷11，頁188。

〔註17〕 見黎靖德編：《朱子語類》（北京：中華書局，2004年2月），冊1，卷14，頁225。

〔註18〕 見朱杰人，嚴佐之，劉永翔主編：〈答黃子耕〉，《晦庵先生朱文公文集》，《朱子全書》（上海：上海古籍出版社，安徽教育出版社，2002年12月），冊22，

命氣象，因而有以下發揮：

> 聖賢存養工夫至到，方其靜而未發也，全體卓然，如鑑之空、如衡
> 之平，常定在這裏。及其動而應物也，大用流行，妍媸高下各因物
> 之自爾，而未嘗有絲毫銖兩之差。而所謂鑑空衡平之體，亦常自若，
> 而未嘗與之俱往也。〔註19〕

陳淳對聖賢形象的表述，仍是順著老師的譬喻，解釋聖賢存養到達極致而方
其未發時，此心是如同鏡子的空明無物，磅秤的平定無擾。而一旦此心據理
發用、隨物應事時，一切事物亦各得其所，未有絲毫不恰當，此時是物物各
正性命，並於一切事項上見得天理的成全，聖賢之心並無任何私欲夾雜其間，
因此不會隨著情感的發用而停滯在物上，故說是「未嘗與之俱往」，自然也無
半點勉強。陳淳這樣闡述聖賢形象的方式很明顯是順著老師的意思，也就是
在朱子心學脈絡下開展出來的一種聖人境界，這種「妍媸高下隨物以應，皆
因彼之自爾而我無所與」的是儒學工夫至極的圓融境界，與道家說「天地任
自然，無爲無造，萬物自相治理，故不仁也。」〔註20〕的意義並不同。這種
聖賢形象強調的是能夠經由體認天理，從而在事事物物上自然無礙地實現天
理的道德價值，此時日常行事皆能合乎人情倫常，無絲毫差錯，而此中雖然
有道德意義的創造，卻無一絲創造之迹可循。故說「聖人之德，渾然天理，
眞實無妄，不待思勉而從容中道，則亦天之道也。」〔註21〕能全從理而行，
此時聖人之心與理是通徹無礙的，一切行爲全然只是天理流瀉，無須窮心劇
力，即能從容中道。這樣的聖賢境界觀實際上是很強調完人對於具體事項的
恰當回應，因此一旦往下說去，便很自然地發展成無所不知、無所不曉的聖
人形象：「自古無不曉事情底聖賢，亦無不通變底聖賢，亦無關門獨坐底聖賢。
聖賢無所不通，無所不能，那箇事理會不得？」〔註22〕因此，吳展良先生也
認爲朱子眼中的聖人是：「通曉天下一切事物，所以能將一切的大大小小的道
理人物都安排處理得恰當。這是古聖人經綸天下的規模，載之於六經，見之

　　　卷 51，頁 2379。

〔註19〕見陳淳著：《北溪字義》（北京：中華書局，2009 年 4 月），卷上，頁 12。

〔註20〕語出王弼注《老子》「天地不仁」章，見王弼等著：《老子王弼注》，《老子四
　　　種》（台北：大安出版社，1999 年 2 月），頁 4。

〔註21〕見朱熹集註：《四書集註・中庸》（台南：大孚書局，2000 年 2 月），頁 19。

〔註22〕見黎靖德編：《朱子語類》（北京：中華書局，2004 年 2 月），冊 7，卷 117，
　　　頁 2830。

於古史。……這是朱子所相信的堯舜禹湯文武周公的道統，也是孔子所繼承並發揚其精義的大傳統。這是儒學大傳統中的聖人，不僅與佛、道兩家的聖人大為不同，與陸王學派但重成分不重分兩的聖人說也頗有不同。」〔註23〕朱子心中的聖賢是要能夠事理通達的，因此，德行固然應當注重，學養亦不可偏廢。朱子又嘗謂：

> 以孔子之聖，也只是好學：「我非生而知之者，好古敏以求之者也。」……事事須先理會，知得了，方做得行得。何故《中庸》卻不先說「篤行之」，卻先說「博學之，審問之，慎思之，明辨之」？《大學》何故卻不先說「正心誠意」？卻先說致知是如何如何？〔註24〕

朱子認為縱使如孔子般的聖人，也要好古敏求、勤奮於學，此蓋由於事事物物中皆有道理，必先領會於心，等到道理明白了，才好實行。因此《中庸》不先說「篤行」，而從博學說起；《大學》不直言「誠意正心」，而先就「致知」指點。朱子這樣重視博學的工夫，一方面立基於聖賢形象的追求，一方面則回歸到心性修養的實踐。從朱子心性系統來說，心雖是合理與氣而言，但人生而各有其氣稟，縱使心與理是本來貫通的，亦不能避免氣稟的遮掩、物慾的牽引，這是現實環境的影響，而非本有不善，因此，心仍要有一工夫，以使其知理。所以，陳淳曾順此義說：

> 此心之量極大，萬理無所不包，萬事無所不統。古人每言學，必欲其博。孔子所以學不厭者，皆所以極盡乎此心無窮之量也。孟子所謂盡心者，須是盡得個極大無窮之量，無一理一物之或遺，方是真能盡得心。然孟子於諸侯之禮未之學，周室班爵祿之制未嘗聞，畢竟是於此心無窮之量終有所欠缺未盡處。〔註25〕

此當順著朱子言：「心者，人之神明，所以具眾理而應萬事者也。性則心之所具之理，而天又理之所從以出者也。人有是心，莫非全體，然不窮理，則有所蔽而無以盡乎此心之量。故能極其心之全體而無不盡者，必其能窮夫理而無不知者也。」〔註26〕的意思發揮，只是陳淳此處更能結合朱子之讀書工夫，

〔註23〕吳展良：〈朱子的認識方式及其現代詮釋〉，頁172。

〔註24〕見黎靖德編：《朱子語類》（北京：中華書局，2004年2月），冊7，卷120，頁2894。

〔註25〕見陳淳著：《北溪字義》（北京：中華書局，2009年4月），卷上，頁13。

〔註26〕見朱熹集註：《四書集註‧孟子‧盡心上》（台南：大孚書局，2000年2月），頁187～188。

點出此種修養方法與義理間的關係。陳淳認為心之量極大，能統括萬事，因此古人言學，必要能廣、能博。心能無所不包，自然是就心能「具眾理」的意義來談，若順第二章第三節就心、性、理、氣的討論，則心之能具理，是貫通的具，不是心與性理為一的具。然而，當心能具性理時，由於此性理皆是推源於天，因此只要一用工夫，就客觀的說，則必然要「無一理一物之或遺」，因為天理本無遺漏於任何一件事物上；若主觀的說，則必須要窮極我心至極大量，以求能「窮夫理而無不知者」，只因事事物物本來皆有性理在其中。所以孔子說學、孟子說盡心，則必「極盡乎此心無窮之量也」。依照這樣的觀點，吾人自不能將「諸侯之禮」、「周室班爵祿之制」置諸度外，因為凡一切事物皆有道理在其中，皆是可學，無一可捨。我們若將此種觀點推演到極致處，那麼一切人間的知識、行為、文化……，應當也必有可觀之處，這是在朱子的博學修養工夫中，為一切事物找到其自身不可或缺的存在價值。

　　上面我們通過聖賢形象與心性論的兩個方向，來解釋朱子何以提出博學的理由，從此明白在讀書法中，何以朱子會強調讀書要能廣、能博。而廣博的學養可以說是進入讀書法的第一個重點，也成為修養工夫的一個入門關鍵，因此朱子說：「人如何不博學得！若不博學，說道修身行己，也猛撞做不得。」〔註27〕只有了解上述有關聖賢形象的描述，以及讀書法與心性論的關聯，我們才不難體會朱子何以如此看重博學一事。但在讀書法中，博學同時又常關涉著精熟，博學與精熟可以看成是讀書法中關於廣度與深度的兩種追求，兩者皆不可偏廢。

> 學者觀書，先須讀得正文，記得注解，成誦精熟。注中訓釋文意、事物、名義，發明經指，相穿紐處，一一認得，如自己做出來底一般，方能玩味反覆，向上有透處。若不如此，只是虛設議論，如舉業一般，非為己之學也。〔註28〕

讀書是切己的學問，不是要以求得功名為目的，以功名利祿為目的的學習只要記得許多知識學問，以因應科考，發為文字議論。朱子認為讀書是為己的修養工夫，雖然也要一一認得注中訓釋的文意、事物、名義，但本質上是修

〔註27〕見黎靖德編：《朱子語類》（北京：中華書局，2004 年 2 月），冊 1，卷 9，頁 153。

〔註28〕見黎靖德編：《朱子語類》（北京：中華書局，2004 年 2 月），冊 1，卷 11，頁 191。

養工夫,而非知識閱讀;目標上是修養心性,以至希聖希賢,而非爲文不朽。
因此,表面上看似相同地在進行博學與精熟一事,內容中卻含有不相同的本
質與目標。同時我們必須要注意的是,此處朱子已經將博學的重量,轉到完
整、周全以至精熟的重質。此是由文意、事物、名義要一一認得,結合記得
注解,成誦精熟的要求。而由博學結合精熟,便是進入求得「向上有透處」
的明理一事。

　　只談博學而不說至精熟,則縱使博學是以「修養心性,以至希聖希賢」
作爲目的,但要直接從「認得注中訓釋的文意、事物、名義」說至成德之教,
過程中總不免有些跳躍,而令人滋生疑竇。前面由聖賢形象說博學的目的,
指出以無所不通來作爲踐德的基礎,所以上述引文中,朱子便有「知得了,
方做得行得」的語句。順著這個意思,由博學中知曉的一切禮樂條目,都是
可以成爲日後達道時的實踐指引,這麼說來,成聖亦不必棄學,也不應棄學。
若就與心性論的關聯處說,則博學的一切經歷,乃至「無一理一物之或遺」
的要求,都是在追求最後的「眞能盡得心」,能盡得此心則萬理皆在一心中得,
故說心「具眾理」。然而具眾理當然不是把一切事物一一記在腦海中,一一記
在腦海裡只是認識活動,無關乎心性修養,依據朱子的講法:「聖人未嘗言理
一,多只言分殊。蓋能於分殊中事事物物,頭頭項項,理會得其當然,然後
方知理本一貫。」〔註29〕天理本來就只是一,只是展現在事事物物上而言其
分殊,並不是事事物物中又各有一個天理。所以說心能掌握事事物物上的種
種道理,其實是由於心能自分殊之理中掌握了理一,因此朱子曾說:「今學者
別無事,只要以心觀眾理。理是心中所有,常存此心以觀眾理,只是此兩事
耳。」〔註30〕心中所有之理,是對天理、本性的掌握,而心能夠觀得眾理,
並不是將事事物物上的道理逐一收攝,而是因爲此我們的心能夠知曉天理。
從這樣的討論來說博學所求的具眾理,其實正是心對理一的掌握,也就是達
道,而達道正是精熟的要求,因此朱子說:

　　　大凡讀書,須是熟讀。熟讀了,自精熟,精熟後,理自見得。如喫
　　　果子一般,劈頭方咬開,未見滋味,便喫了。須是細嚼教爛,則滋

〔註29〕見黎靖德編:《朱子語類》(北京:中華書局,2004年2月),冊2,卷27,頁
　　　　677～678。
〔註30〕見黎靖德編:《朱子語類》(北京:中華書局,2004年2月),冊5,卷78,頁
　　　　1983。

味自出，方始識得這箇是甜是苦是甘是辛，始爲知味。〔註31〕
讀書如果只似囫圇吞棗，便無法讀出其中的滋味，因此必須由熟讀而至精熟，由精熟方能達道見理。此種論點正顯示出朱子何以在讀書法中每每要求我們要能「耳順心得，如誦己言。工夫到後，誦聖賢言語，都一似自己言語。」〔註32〕又說：「大抵觀書先須熟讀，使其言皆若出於吾之口；繼以精思，使其意皆若出於吾之心，然後可以有得爾。」〔註33〕此皆要求由精熟以至於明理。然而，這種從精熟到明理的講法，並不是朱子在讀書法中特別提出來的，這正是〈格物補傳〉中：「至於用力之久，而一旦豁然貫通焉，則眾物之表裏精粗無不到，而吾心之全體大用無不明矣！」〔註34〕的意思。因此，由精熟求明理的作法，即是要求吾人能於精讀、精思中持續用功，積習日久，以至豁然貫通。而這樣的見解確實有著朱子一向的義理背景貫徹其中，這不是偶發的念頭，也不是在認識論架構下所展開的佈局。

　　一切活動離不開經驗，讀書也不免要面對文本；在經驗中不可缺少工夫落實的方法，精熟的觀念在讀書法中，自然也要有相應的進行步驟。因此，我們可以在精熟的範疇中看到口誦、熟記、溫習、不務多、逐字理會、專一（專注）……等等的實行的措施，而這些措施在實行的目標上，不外是爲了追求「玩味反覆」以期待我們能有「向上有透處」。且如朱子常要人背書、熟記，而曾對門人說：「人讀史書，節目處需要背得，始得。」〔註35〕其實不只讀史書如此，熟記一直是朱子很注重的工夫，對此朱子又曾說：「讀書之法：讀一遍了，又思量一遍；思量一遍，又讀一遍。讀誦者，所以助其思量，常教此心在上面流轉。若只是口裏讀，心裏不思量，看如何也記不子細。」〔註36〕因爲朱子認爲能熟記、誦讀，都有助於讓吾人之心在書本所透顯的義理間流轉，不至放失。而一旦心能

〔註31〕見黎靖德編：《朱子語類》（北京：中華書局，2004 年 2 月），冊 1，卷 10，頁167。

〔註32〕見黎靖德編：《朱子語類》（北京：中華書局，2004 年 2 月），冊 1，卷 10，頁174。

〔註33〕見黎靖德編：《朱子語類》（北京：中華書局，2004 年 2 月），冊 1，卷 10，頁168。

〔註34〕見朱熹集註：《四書集註・大學》（台南：大学書局，2000 年 2 月），頁 6。

〔註35〕見黎靖德編：《朱子語類》（北京：中華書局，2004 年 2 月），冊 1，卷 11，頁197。

〔註36〕見黎靖德編：《朱子語類》（北京：中華書局，2004 年 2 月），冊 1，卷 10，頁170。

常就著義理來思量,那自然也便能將它記在心底。如此一來,熟記、誦讀本身也都關聯著此心的涵養,記憶不熟,是因為心未眞在此處下工夫,所以朱子說:「書宜少看,要極熟。小兒讀書記得,大人多記不得者,只為小兒心專。一日授一百字,則只是一百字;二百字,則只是二百字。」〔註37〕心若不曾理會得書中的義理,那不管讀幾遍也記不得。因此,朱子又舉例說:「昔陳烈先生苦無記性。一日,讀《孟子》『學問之道無他,求其放心而已矣』,忽悟曰:『我心不曾收得,如何記得書!』遂閉門靜坐,不讀書百餘日,以收放心;卻去讀書,遂一覽無遺。」〔註38〕朱子言靜坐,與釋氏有別,其目的在導向知性明理一事,〔註39〕這裡朱子把讀書與靜坐兩件事聯結在一起,顯然有意將讀書與收斂此心、明理的靜坐皆視為工夫上的事,因此,經由這則例子,朱子想要表明的背誦、熟記與此心涵養間的關係,當是明白不過了。總地說來,背書、熟記這些可被包含於精熟一事中的具體措施,在朱子的系統中仍然是就著心上做工夫,〔註40〕並非只是單純的知識累積。所以,朱子重視精熟的目的自然不是要求我們一味地去考究文本的意義,他們最終都是要促使此心「豁然貫通」。因此,如果我們順著這條線索來審視上述三則引文,可以很容易的發現,在朱子有關精熟的要求中,這些措施又常帶有專一的成分在內,如上方引文中有「教此心在上面流轉」、「小兒心專」、「心不曾收得」等語句,而這些語句顯然都在強調精熟的過程中心思專注的重要性。因而說道:

> 讀這一章,更不看後章;讀這一句,更不得看後句;這一字理會未得,更不得看下字。如此,則專一而功可成。若所看不一,汎濫無統,雖辛歲窮年,無有透徹之期。〔註41〕

朱子認為讀書時,若是一章義理未明,不可輕率跳過,去看下一章,便是一

〔註37〕見黎靖德編:《朱子語類》(北京:中華書局,2004年2月),冊1,卷10,頁165。

〔註38〕見黎靖德編:《朱子語類》(北京:中華書局,2004年2月),冊1,卷11,頁177。

〔註39〕朱子嘗言:「此心當提撕喚起,常自念性如何善?因甚不善?人皆可為堯舜,我因甚做不得?立得此後,觀書亦見理,靜坐亦見理,森然於耳目之前!」見黎靖德編:《朱子語類》(北京:中華書局,2004年2月),冊4,卷22,頁1567。

〔註40〕此處言「就著心上做工夫」,實際上只能是虛說,原因我們在後頭關於虛心與切己的部分還會再討論到。

〔註41〕見黎靖德編:《朱子語類》(北京:中華書局,2004年2月),冊1,卷11,頁189。

字未明，也不可更看下一字。此種逐字理會、不務多的讀書方法，即是在章句、義理精熟的過程中，去追求閱讀者本身的專一工夫。前面我們曾表示朱子強調精熟是爲了使心能夠明白道理，同理，範圍於精熟中的專一工夫，同樣也是要指向於道理的「透徹」，換言之，也就是期許閱讀者能由心思專注的精思熟讀中，明白天理。所以，朱子一再強調的精熟與專一一事，皆是在心上用力，皆是一種涵養工夫，而說：「人做功課若不專一，東看西看，則此心先已散漫了，如何看得道理出。」〔註42〕要看的出道理，不是要求理解文義，而是要此心能在讀書的過程中眞能向上透達，爲求透達，此心自然不能散漫，於是精熟、專一便成爲「豁然貫通」的重要步驟。

　　以上，我們是由精熟所欲達至的目的來論精熟與修養工夫之間的關係，實際上，在讀書法中此種由精熟以至心能明理的訴求，正好反映了朱子工夫方法中的一貫特色。在第一章中，我們經由探討朱子早年參佛的生活經驗，指出此事對其日後的工夫修養有很大的影響；在第二章裡，我們也曾經以此解釋朱子何以格外重視《大學》，認爲「《大學》中分明的次第教法不僅容易讓人學習，也可以減少朱子恐懼的悟性成份，在他的觀念中，這樣的情形無疑是比較能夠照顧到現實人生，契合朱子的對於實踐關懷的主觀要求。」這樣的性格也同樣展現在他對於體道一事的審愼態度上。因此，一旦面對到「向上有透處」、「豁然貫通」之類的工夫討論時，爲了避免此種修養境界的提升會與釋家的參禪、頓悟混淆，朱子自然更要強調此中的分別。這種謹愼的態度同樣反應在他對於同時代的儒者的批評上，此類批評中，最爲人耳熟能詳的當是他對於陸象山的指摘：

> 黃達才問：「顏子如何尚要克己？」先生厲聲曰：「公而今去何處勘驗他不用克己！既是夫子與他說時，便是他要這箇工夫，却如何硬道他不用克己！這只是公那象山先生好恁地說道：『顏子不似他人樣有偏處，要克；只是心有所思，便不是了。』嘗見他與某人一書說道：『才是要克己時，便不是了。』這正是禪家之說，如呆老說『不可說，不可思』之類。他說到那險處時，又却不說破，却又將那虛處說起來。」〔註43〕

〔註42〕見黎靖德編：《朱子語類》（北京：中華書局，2004 年 2 月），冊 1，卷 11，頁 189。

〔註43〕見黎靖德編：《朱子語類》（北京：中華書局，2004 年 2 月），冊 3，卷 41，頁

此是門人黃達才向朱子求教顏淵是否尚要行克己的工夫，朱子因而借題發揮，責備象山的說法近於禪家之說，而在工夫要緊處不去講明，只在虛華處加以論說。諸如此類指象山為禪的文字在朱子的書信、文字中並不少見。若就此處引文來看，象山說「才是要克己時，便不是了。」此句應在說明本心與工夫間的關係，表明若要做工夫，即是復其本心，當有即本體說工夫的意思，這也很能表現儒學心體本有，無頃刻不存的意義。我們若能如此思考，倒也不必如朱子所言只能是禪家的理路。況且此種義理，在明道的〈定性書〉中，也有類似的講法，例如「自私，則不能以有為為應迹（一作物）；用智，則不能以明覺為自然。」〔註44〕此亦主張心性本體的明覺，是本體自身的朗照，不待施加外力，故無須私意揣度，也不必施謀用智。因此，我們雖然不必全然接受朱子對象山的批評，但是在此段引文中，朱子對「不可說，不可思」的質疑，卻也展現了他在修養工夫上力求次第分明的性格。所以當朱子在肯定人有「用力之久，而一旦豁然貫通焉，則眾物之表裏精粗無不到」的可能性之餘，他也自然要對其中的次第有所交代。這樣的要求展現在工夫論中，便有讀書法這門工夫，次而更有落實時的細節措施，種種條目綱舉目張，皆是可說、可思，而豁然貫通的可能性便蘊含在這裡頭。

當然這樣說來學養精熟與豁然貫通的關聯，僅是就朱子本人的實踐性格上來分析，除此之外，我們可以更進一步，就朱子對心性論的理解來討論上頭所說的由精熟以至「豁然貫通」的「貫通」，應該如何理解。如果依據上一章第三節中，就心與理的關係是「理與氣合，方成箇心」的討論來看，我們固然也可以回答說，此貫通者是就心與理的牽涉來說，但這種心與理的貫通義，即我們前述所謂「心之能具理，是貫通的具，不是心與性理為一的具」，此在朱子的系統中，就其自身的理解來看，並不需要被刻意強調，因為它既然是本來貫通的，若不如此，則心便不得其為心之名，理亦無心來為其落實處。〔註45〕對此問題，我們可以參考下面這段引文：

1057。

〔註44〕 見程顥，程頤：《河南程氏文集》，《二程集》（北京：中華書局，1981 年 7 月），卷 2，頁 460。

〔註45〕 此即《語類》所言的：「問：『心是知覺，性是理。心與理如何得貫通為一？』曰：『不須去著實通，本來貫通。』『如何本來貫通？』曰：『理無心，則無着處。』」見黎靖德編：《朱子語類》（北京：中華書局，2004 年 2 月），冊 1，卷 5，頁 85。

器遠問：「窮事物之理，還當窮究箇總會處，如何？」曰：「不消説
總會。凡是眼前底，都是事物。只管恁地逐項窮教到極至處，漸漸
多，自貫通。然爲之總會者，心也。」〔註46〕

窮究事物之理的總會處，即是要探求作爲事物存在的價值根源，就儒學來説，
能夠作爲事物價值根源的，不外是指天理、太極。從此而來，學生便向老師
請教，若老師説要窮究事事物物的道理，是不是還要去窮究這天理本源？然
而朱子卻回答説，我們不必先去理會這天理本源，只要就著眼前事物，一一
用心，逐項窮究到至極之處，便可自然貫通，而所謂的能爲一切事物之理之
總會處，即在吾心上見。如此説來，朱子當是認爲在豁然貫通時，一切事理
便能爲吾人之心當下掌握，故説心能爲之總會一切事物之理。唯此處引文中，
朱子不説心是「爲總會者」，而説心是「爲之總會者」，可見得在朱子的理解
中，心與理的關係並不因爲「貫通」一事，就能被理解成心與理是一。換言
之，縱然説心與理有本來貫通的意思，但二者本質上的區別仍舊不能被忽視，
不可説一至豁然貫通處，心便即是理，乃至心性一也，此處的分際我們必須
有所掌握。

　　通過這則引文，可以明白朱子所認爲的貫通，當是就事事物物上去體認
出根源之理，而非杜絶萬緣，當下就著吾人之心去窮索天理，因此才説：「凡
是眼前底，都是事物。只管恁地逐項窮教到極至處，漸漸多，自貫通。」這
樣看來，在朱子的理解中，貫通是由分殊中見得理一，若要求得萬理總會於
一心之中的向上透達，我們更應當用心窮究天道於事事物物中展現的分殊之
理，因此心性修養不是專在理一處做工夫，故朱子回答時説「不消説總會」，
反而需要在現實事物上用心格致。從這個角度來看，朱子自然也無法接受陸
象山直求本心的工夫，對此，楊儒賓先生在説明朱子批駁禪學時，便曾提到：
「朱子認爲一種強調本心之直覺、完全不受『理』規範的行爲，乃是對世界
秩序之破壞，也可以説是一種本體論秩序的毀滅，朱子當然期期以爲不可。」
〔註47〕朱子指摘象山之學爲禪學，大概也是因爲這樣的理由。下面這段文字，
很能表現朱子這樣的意思：

〔註46〕見黎靖德編：《朱子語類》（北京：中華書局，2004 年 2 月），冊 1，卷 9，頁
　　　 1057。
〔註47〕見楊儒賓：〈格物與豁然貫通──朱子〈格物補傳〉的詮釋問題〉，《朱子學
　　　 的展開──學術篇》（台北：漢學研究中心，2002 年 6 月），頁 229。

> 先生曰：「公向道甚切，也曾學禪來。」曰：「非惟學禪，如老莊及
> 釋氏教典，亦曾涉獵。自說《法華經》至要處乃在『是法非思量分
> 別之所能解』一句。」先生曰：「我這裏正要思量分別。能思量分別，
> 方有豁然貫通之理。如公之學也不易。」〔註48〕

若問朱子的豁然貫通說，與禪宗的頓悟說有何不同？那麼從這條語錄中就能
很清楚的看出二者的差異。對答者依據《法華經》指出，佛法的精義不是通
過思量分別來理解的，然而對於朱子而言，所謂豁然貫通，正在於我們能夠
在事事物物上掌握其中的分別差異，故說唯有「能思量分別，方有豁然貫通
之理。」朱子此處所論，自然是承繼我們上面的討論而來，對於超越之理的
掌握是不能捨棄一切眼前的事物。因此，我們先前說朱子所謂的豁然貫通的
貫通義，除了可被視為心與理的貫通之外，也仍然應該有其它的意思，這意
思當即是就是事物物之差別相中見得這超越的天理。天理並不在事事物物上
被割裂了，反而正是要應著事事物物才能顯現出來，因此朱子在為學生講述
曾子言夫子之道一以貫之時，曾就繩索貫穿散錢來喻說：

> 曾子零碎處盡曉得了，夫子便告之曰：「參乎！吾道一以貫之。」他
> 便應之曰：「唯！」貫，如散錢；一，是索子。曾子盡曉得許多散錢，
> 只是無這索子，夫子便把這索子與他。今人錢也不識是甚麼錢，有
> 幾箇孔。〔註49〕

朱子認為曾子所以能在聽聞得孔子之言後，便回應孔子曰：「唯！」其實在於
曾子平時已經能在事事物物上用心理會了，因此只要一經孔子點發，立時便
能醒悟這一貫的道理。朱子的這個譬喻是很有意義的，他將豁然貫通的過程
比喻為繩索串起一塊塊的錢幣，如此一來，我們若不在事事物物上去用心體
察、格物致知，那一切貫通、上達的說法也只成空談，如同在沒有錢幣的情
況下，又有什麼東西可以將來讓繩子去貫通呢？因此，只要能夠精熟的過程
中，反覆醞釀，若用朱子的話來說，也就是「只管從下面捱來捱去，捱到十
分處，悟得一貫。」〔註50〕如此漸次地去領會天道在人倫事項中展現的種種

〔註48〕見黎靖德編：《朱子語類》（北京：中華書局，2004年2月），冊7，卷116，
　　　　頁2804。
〔註49〕見黎靖德編：《朱子語類》（北京：中華書局，2004年2月），冊2，卷27，頁
　　　　673～674。
〔註50〕見黎靖德編：《朱子語類》（北京：中華書局，2004年2月），冊7，卷117，
　　　　頁2826。

差異性，了解其所以然之理，也就是掌握其中的分殊之理，它們便可以構成我們在修養的實踐過程中上達的地基，也在最終的貫通處，成爲超越之理的的具體內容，如此亦明天理並不虛懸。

行文至此，我們可以理解朱子讀書法要求精熟，正要我們能掌握其中義理，而義理的掌握同時又要著重思量分別，朱子認爲這是儒釋分辨之兩歧，蓋釋氏以爲緣起性空，因而「凡所有相，皆是虛妄」，〔註51〕這大悖於儒學重視存在秩序的道德內涵與積極入世的承擔性格，故朱子特別重視由分殊之理的掌握，方能說至形而上的純然天理。這樣的過程乃是由精熟而至分別，由分別而至向上一層的超越。唯此過程中精熟而至分別的階段，其實恰恰揉合了精熟與博學的具體操作，二者的運用在此時當是交互進行的。我們說在讀書法的修養過程中，豁然貫通是內聖之學的必須經歷，而這個由下學至於上達的生命經驗又帶有體認天理實存的重要意義，換言之，我們是通過具體的現實生活，來體貼一切因著天道而無處不有的道德意義，天理的普遍價值也由此獲得貞定，因此這樣的修養活動與生命體驗，能讓我們即於有限的生命掌握無限的道德意義，心與天理契合，知本性即是天理，人的價值也由此體驗而獲得開顯。在這樣的經驗中，當然不能缺少精熟的學養，以於「捱來捱去」的反覆過程中「悟得一貫。」這也就是我們在討論精熟之前，曾提示精熟之相對於廣博，更重視於質的追求的理由，確切地說，這種質的追求，所求者正是價值意義的領會，而不僅限於字裡行間的考據摸索。但在這個以豁然貫通爲最終方向的讀書活動中，依照前述的討論，我們也不能放掉廣博的涵養一事，因爲對於掌握種種分殊之理的差別上來說，我們仍舊免不了此種活動。所以，在讀書法中，廣博這一要求被提出的理由便不只侷限於我們先前討論時的兩個面向，它與精熟一事又必然交會於下學上達的共同目標上。因此，我們可以說只有精熟而無博學，則無從於分殊中視得理一；反之，只有博學而不至精熟，縱使讀的書再多，經歷的事再廣，也無法透至義理一層。

從以上有關於博學與精熟的討論中，我們可以看出來朱子的此種讀書工夫很明顯是將重心擺放在心與理的貫通意義上，此亦切合朱子本人對於心性關係的理解，然而，我們亦不當忽略此等論述中，同時也有本體宇宙論的基本立場在內，因爲理一分殊的提出，在朱子的哲學系統中本是屬於理氣論的

〔註51〕　見鳩摩羅什譯：《金剛經新注與全譯》（西安：太白文藝出版社，2005 年 1 月），頁 4。

範疇，它可以用來說明理同時具有理一的超越義與分殊的普遍義，以點出事事物物皆具備此形上之理而存在，因此它是作為存有論的所以然之理。另外，對於天理而言，形下之氣雖然是理表現的場所，但氣本身有清濁的情形，理亦因此即於氣上表現出種種殊異，也因此，朱子常就萬事萬物的差別相來說理一分殊：

> 如一所屋，只是一箇道理，有廳，有堂。如草木，只是一箇道理，有桃，有李。如這眾人，只是一箇道理，有張三，有李四；李四不可為張三，張三不可為李四。如陰陽，《西銘》言理一分殊，亦是如此。〔註52〕

朱子肯定一切存在，不論是無生物的廳、堂，乃至有生命的、植物界的桃、李，以及張三、李四等，皆有理在其中，此理並非人可獨有，而此處雖然「只是一箇道理」，但萬事萬物卻各有各自不可混淆的差異。朱子在這裡是通過現實存在的個體實然差異來說天理之分殊，難免有以形下類比形上的錯誤，但朱子所要強調的乃是，天理之於氣上所展現的差異性，故朱子又曾連著「如水之下，火之上」，而說「父子之必有親」〔註53〕倘若我們不瞭解此處的涵義，就不免質疑父子有親如何能與水往下流、火往上燒等自然法則一概而論呢？我們可以借用楊祖漢老師在〈朱子理一分殊論的現代意義〉一文中，對事中所見之理的分析，來進一步釐清：

> 依朱子及晦齋，事是理的呈現所必備者，離事，理便不顯。此意不能表示為事是理之構成者，若是事構成理，則那只是事理；此理亦非氣化之條理，若是氣化之條理，則理只是氣之事，並非儒者所言之天理。若是天理，則此理之存在並不由於事或氣化所構成。天理或性理本身是一超越的、本有之存在，並不是由後天經驗事實所構成者。〔註54〕

我們於此當知朱子所強調的分殊之理，並不是指點那些因循自然法則，而在個體之上所展現的差異，朱子其實是重在指出事事物物各有依理而來的表

〔註52〕見黎靖德編：《朱子語類》（北京：中華書局，2004 年 2 月），冊 1，卷 6，頁102。

〔註53〕見黎靖德編：《朱子語類》（北京：中華書局，2004 年 2 月），冊 4，卷 57，頁1352。

〔註54〕見楊祖漢：〈朱子理一分殊論的現代意義〉，《艮齋學論叢》輯 5（首爾：韓國艮齋學會，2006 年 8 月），頁 355。

現，此中的分際不可以有絲毫錯置，故父子之有親，君臣之有忠，朋友之有信，皆如同張三之表現為張三，李四之表現為李四，張三不能是李四，李四也不會是張三，二者毫釐不爽，若依此義來說，父子所以不親，以致父不父、子不子即是有悖於天理，非是順理、順性而為。反之，若能順理、順性而為，則一切存在皆能是天理流行的當下呈顯。而導源於理氣論的理一分殊概念，正是以上述這樣的輪廓作為朱子讀書法中豁然貫通的基礎。朱子相信：

> 看書非止看一處便見道理。如服藥相似，一服豈能得病便好！須服
> 了又服，服多後，藥力自行。〔註55〕

讀書法中閱讀與精熟的操作，便如同此處所說的服藥，朱子認為只要持續操作，藥效終究能夠反應出來。如果我們僅僅以此說明博學與精熟本身不當只被視作一種知識性的閱讀活動，而希望以此說明這樣的一種操作，已然具備工夫論的性質，這樣的論述過程難免是將結果用以解釋起因。所以，回顧先前種種關於博學與精熟的討論，雖然我們已經能夠指出讀書法與修養工夫的關係，但是這種關係很容易讓人理解為只是一種在於目的意義上的關連，因為縱使讀書的目的是為了成德，但是讀書的過程本身，是否能夠就此被理解為一種修養工夫，而不僅只是認識論的意義，這仍是有待商榷的。因此，縱使我們指出讀書法與修養工夫有密切的關係，但是讀書法本身仍然容易落入只是知識活動的層次中，而讓人感到有拿認識論做工夫論、或朱子希望以知識成就德行的詬病。然而，當我們瞭解了朱子的讀書法中有其依據理一分殊而為背景的基礎後，理一分殊的本體論宇宙論立場即為此提供了一種重要的說明，這也就是我們先前強調在讀書法中不能忽視此等以理氣論作為背景的理由。楊祖漢老師有過如此的論述：

> 理是形而上的，無形迹可尋，但理不離氣。有形迹的現實存在，必
> 有其形上之理作為存在根據。依此，人便可於有形相可見之事物存
> 在處，體會形而上的天理。此即是從「然」以推「所以然」。此從然
> 以推所以然，雖然似是認知活動，要從對象處認知理，但其實此與
> 一般之認識活動是不同的。這是由事物之存在而契悟所當然的道德
> 之理，此一契悟理之活動，雖不離經驗事物，但並不著重事物的經
> 驗理，而是要由事物以契悟形上的、或道德的當然之理。現實存

〔註55〕見黎靖德編：《朱子語類》（北京：中華書局，2004 年 2 月），冊 1，卷 10，頁 173。

在的事物之形相，是人契悟形上的理的「憑藉」，此理不離現實之存
在物，但並非就是存在物的經驗之理。〔註56〕

朱子的讀書法並不是偶然的設計，唯有通過這層理解，掌握理一分殊作爲讀
書法的背景意義，我們方能說朱子在讀書法中所強調的博學與精熟一事，並
不等同於一般知識性的閱讀活動，二者的區分可以由目的與對象的不同來加
以說明。就目的而言，讀書法的運用是以希聖希賢，以及修養吾人之心來作
爲一種實踐工夫，而非單純的擴充知識；因而在對象上，讀書法的致知是以
「道德之理」的體認爲主，而非對於章句訓詁的追求。

二、虛　心

前面我們討論到豁然貫通的問題，說要能豁然貫通，必須要在事事物物
上多加理會，工夫用久了，便能有向上達道處，並以此認爲有關博覽與精熟
以及附屬於其範疇之下的一切操作，皆是要謀求我們能有向上超越，契悟天
理的可能。可是，若再進一步思考，儘管我們相信朱子的讀書法是以修身成
聖作爲目的，並且在其間進行的一切閱讀的活動，都有工夫的意義貫徹其中，
然而，在事實上，我們仍未觸及到此種修養工夫在實踐上之所以可行的理由。
要解決這個問題，我們必須短暫回顧我們在第二章中關於心、性、理、氣的
討論，因爲，此等工夫之所以可以做得，卻是在於心與理本然貫通的緣故，
也就是說，在前一個部分裡，我們重在強調心在事事物物上下的工夫，因此
有說要心去「盡得個極大無窮之量」，或說「常教此心在上面流轉」，或進而
由物物分明中契悟萬理本乎一理，凡此種種皆在說明工夫與心之間的關係，
皆在要求心能明理。因此，若要問到此套工夫的有效與否，以及讀書法之所
以能夠如此行得，答案仍將落在心與理的關係中。

我們在第二章第三節，經由《北溪字義》的「理與氣合，方成箇心，有
箇虛靈知覺，便是身之所以爲主宰處。」的意思，來點出朱子之心有從理而
來的虛靈表現，同時肯定在心不即是理的界定下，二者卻也不是處於懸絕兩
端的關係，並且以朱子「不須去著實通，本來貫通。」的「貫通」一語解釋
心與理的此等聯繫，也分判此貫通的意思並不等同於孟子、陸王所理解的心
與理一。因此，在這樣的理解中，讀書法的有效性，便能由心與理的「本來

〔註56〕見楊祖漢：〈朱子理一分殊論的現代意義〉，《艮齋學論叢》輯5（首爾：韓國
　　　　艮齋學會，2006年8月），頁352。

貫通」加以說明，反過來說，如果心與理本身無此貫通義，是各自懸隔兩端，則吾人憑藉此心的工夫，以求於分殊之理中豁然貫通的可能性便很難保住。我們如果再順著這個意思來說致知的意義，則所謂致心知理，其實也只能是虛說，因爲心與理是本然貫通的，心之所以要知理，只是今天受到氣稟的影響，遂未能顯出心與理之本來一貫的意義。因著這樣的緣故，讀書法自然也會發展出一套相應於此的工夫，以令此心復其虛靈，一切知覺發揮皆從性理而來。

　　由於「人物皆受是氣而生」〔註57〕而人與人又各自有稟氣清濁的不同，這就影響到我們上述說知覺能不能據理而明的問題，朱子說：

　　　有是理而後有是氣，有是氣則必有是理。但稟氣之清者，爲聖爲賢，
　　　如寶珠在清冷水中；稟氣之濁者，爲愚爲不肖，如珠在濁水中。所
　　　謂「明明德」者，是就濁水中揩拭此珠也。〔註58〕

人生而各有氣稟，氣稟清通的人，心與理之間沒有格遮，生命也自然比較容易順著天理本眞來活動，以此成就人的道德價值，所以能夠成爲聖賢；反過來說，若是氣稟混濁的，縱使心與理本然貫通，但也如同光明寶珠落在濁水之中，寶珠與生俱來的光芒也不易顯，因此就算本然貫通的，也需有成德的工夫來恢復本來面貌。寶珠落在濁水之中，光芒遂被濁水遮去，但並不能因此說寶珠本來就沒有光明的本能。心理的貫通義也是如此，心本能憑著本身的虛靈以知行性理，只要工夫做足了，心自能恢復其明理用事的能力，氣稟並不能由此侷限它，此即我們在上一章中談到的「不得以氣之性質便侷限心與理的關係」的意義。我們可以參看朱子與門人余大雅的這段問答：

　　　又問：「人之習爲不善，其溺已深者，終不可復反矣。」曰：「勢極
　　　重者不可反，亦在乎識之淺深與其用力之多寡耳。」〔註59〕

若心不能順理用事，便容易陷溺在習氣中而爲不善，因此大雅問老師有沒有可能有人因爲氣稟混濁，又積習日久，遂導致終於不可復反的結果，朱子在

〔註57〕原句爲「自一氣而言之，則人物皆受是氣而生；自精粗而言，則人得其氣之正且通者，物得其氣之偏且塞者。」見黎靖德編：《朱子語類》（北京：中華書局，2004年2月），冊1，卷4，頁65～66。

〔註58〕見黎靖德編：《朱子語類》（北京：中華書局，2004年2月），冊1，卷4，頁73。

〔註59〕見黎靖德編：《朱子語類》（北京：中華書局，2004年2月），冊1，卷4，頁57。

回答中表示，縱使有一些積習很深的人，他們仍然可以經由在工夫上不斷的努力，來獲得改善。這其實是儒家對人性價值的根本肯定，也是由孔孟以降，人人皆能成爲堯舜的基本立場。若就思想的型態來說，如果朱子認爲氣稟能侷限心與理之間的關係，心的能力只能依著氣來說，則以氣之靈說心的主宰意義其實便無法把守住，此即我們在上一章中提到「心因其根據於理，故能超脫於氣，不於感物應事時生起執著、陷溺於物，故得爲個體在現實活動中之主宰，遂得言其爲氣之靈」。倘若失去這些意義，那麼朱子的思想型態便成爲一種命定論，亦即有天生爲聖賢，有人天生爲堯舜，一切修養工夫都將失去意義。因此，李明輝先生在討論朱子的氣稟問題時，曾指出：

> 因爲如果朱子承認氣質有不可移者，便無異於承認有命定的惡人（如佛教所說的「一闡提」），而陷於氣稟決定論。對於這種人，要求他爲其惡行負道德責任，是毫無意義的，因爲這違反倫理學中所謂「應當涵著能夠」（Ought implies can）的原則。朱子顯然不會接受這個結論，因爲這等於是否定道德。〔註60〕

通過上述的討論，我們由心與理的「本來貫通」的關係，爲朱子工夫論的可行理由找到安置處，並且進一步指出，此貫通義雖然有受到氣稟清濁的影響，但朱子肯定人能有經由工夫的努力回復此心與理的本來面貌。而在讀書法中屢屢被提及的虛心，正是這樣的一種工夫。倘若說的徹底，我們在前面所強調的「工夫要在心上做」，實際上只是自氣稟中恢復心之本來面貌，因此，工夫的着力點並不是在心上，而所謂心上做，是重在顯心與理的本來貫通，至於實際的下手處，我們可以分做兩點來觀察，首先便是在博學與精熟的討論處所言的擴充本心至無窮大以及即事見理的實踐方式，此是依據心性論與理氣論而來的作爲；再者則是重在對治氣稟的問題，關於這點，我們在接下來的虛心討論中將會更清楚。以下我們先看到在讀書法中，朱子本人對虛心一詞使用的統計。

倘若翻看《朱子語類》，我們不難發現朱子對於「虛心」一詞的使用是很頻繁的，例如在一百四十卷的《朱子語類》中，凡涉及「虛心」一詞的使用

〔註60〕要補充的是，李明輝先生認爲朱子雖然不能接受此種結論，但「只要朱子將心歸屬於氣，它便只是有限心，而不能超脫於氣稟之決定。」此與引文同樣見於李明輝：〈朱子論惡之根源〉，《國際朱子學會議論文集》（台北：中國文哲研究所籌備處，1993 年 5 月），頁 577。

者，就有六十一條，而這六十一條語錄中又有二十二條集中在卷七至卷十三這類朱子論學的討論內，同時這二十二條語錄中又有十七條集中在朱子討論讀書法的卷十、卷十一處。通過這樣概略的統計，我們大約能由「虛心」一詞的使用分佈上，推想出它的使用方式與爲學 —— 也就是修養方法一事有關，並且連繫著讀書法一事。我們若再實際閱讀這六十一條語錄，也可以印證上述的推測。在這六十一條語錄中，除了少數如：「自家猶不能快自家意，如何他人卻能盡快我意！要在虛心以從善。」〔註61〕、「且要虛心，勿要周遮。」〔註62〕、「如作〈歐公文集序〉，先說得許多天來底大，恁地好了，到結末處卻只如此，蓋不止龍頭蛇尾矣！當時若使他解虛心屈己，鍛煉得成甚次第來！」〔註63〕、「〈咸傳〉之九四說虛心貞一處，全似敬。」〔註64〕……等語與讀書窮理一事較無直接牽涉外，「虛心」一詞由朱子的使用中看來，大體皆不外於讀書窮理一事。換言之，虛心同博學、精熟等項目，皆是作爲讀書法的條目之一，它與博學、精熟的使用目的一般，同樣帶有要求義理領會的目標，因此，我們可以看到朱子談論到虛心時，常有以下的用法：

> 讀書別無法，只管看，便是法。正如歇人相似，捱來捱去。自家都
> 未要先立意見，且虛心只管看。看來看去，自然曉得。〔註65〕

朱子認爲讀書沒有其他辦法，只有虛心來看，看久了，心裏便能掌握書簡中所要傳達的義理。這是朱子在使用虛心一詞時，經常強調的一個重要意思，關於這個虛心的意思，我們在討論精熟的問題時，也曾提及過。過去我們討論到，在修養工夫達到豁然貫通的境界之前，必然要經歷著「從下面捱來捱去，捱到十分處，方悟得一貫。」的一個歷程，這是達至精熟貫通的一個必然階段，而所謂「捱來捱去」的反覆醞釀，正是虛心強調的「看來看去，自然曉得」的一種過程。因此虛心與上個部份提及的種種操作同樣以義理領會

〔註61〕見黎靖德編：《朱子語類》（北京：中華書局，2004 年 2 月），冊 1，卷 8，頁 145。此據明成化九年陳煒刻本改「快」字爲「快」字。

〔註62〕見黎靖德編：《朱子語類》（北京：中華書局，2004 年 2 月），冊 7，卷 120，頁 2903。

〔註63〕見黎靖德編：《朱子語類》（北京：中華書局，2004 年 2 月），冊 8，卷 130，頁 3113。

〔註64〕見黎靖德編：《朱子語類》（北京：中華書局，2004 年 2 月），冊 8，卷 140，頁 3342。

〔註65〕見黎靖德編：《朱子語類》（北京：中華書局，2004 年 2 月），冊 2，卷 19，頁 437。

作爲目標，我們可以說虛心與博學、精熟同樣是讀書法中的一種修養工夫。
而虛心工夫比之博學、精熟卻略有差異，縱使二者同樣是以最終的達道作爲
目的，但是虛心卻處於更核心的的地位，而虛心與博學、精熟的關係並非是
在時間上的先後次序，乃是同步進行的，而前者是作爲後者的基礎位置，兩
者同樣是對著主體進行的修養工夫，以較淺明的用語來說，博學與精熟可說
是偏向具體的操作措施，虛心則是傾向態度要求，如錢穆先生即謂之爲：「低
退之意，謙遜之德」。〔註66〕因此我們可以說，所以能夠在博學與精熟等「捱
來捱去」的醞釀過程中上達明理，實有待於吾人是否能夠行得虛心的工夫，
以助我們在實踐的過程上即事見理。因此，縱然朱子在讀書法中已經提出了
許多具體的工夫條目，卻依然強調要通過虛心才眞能在讀書中掌握義理，所
以當陳淳向老師請教讀經時有何方法，朱子便回答說：「亦無法，只是虛心平
讀去。」〔註67〕又如萬人傑問《論語精義》該如何讀，朱子仍舊是說：「別無
方法，但虛心熟讀而審擇之耳。」〔註68〕朱子要陳淳虛心平讀以此掌握經義，
又要人傑虛心平讀以明白《論語精義》，如此虛心仍然是關聯著義理的掌握來
說。可是，由虛心到達義理掌握又是一個怎樣的過程呢？關於這一點，我們
不妨經由朱子在讀書法中對「疑」的見解，來展開討論。朱子曾說：

> 某向時與朋友說讀書，也教他去思索，求所疑。近方見得，讀書只
> 是且恁地虛心就上面熟讀，久之自有所得，亦自有疑處。蓋熟讀後，
> 自有窒礙，不通處是自然有疑，方好較量。今若先去尋箇疑，便不
> 得。〔註69〕

這段引文帶有兩個意思，第一個意思是我們在上頭曾經提到過的，朱子認爲
只要我們能持續地虛心熟讀，用功久了，自然能對書中的義理有所掌握，這
是由虛心以明理。至於第二個意思，則是由虛心以生疑，朱子表示虛心熟讀
久了，我們也會自然地生出疑，而這個疑、窒礙卻不是讀者預先去追求來的，

〔註66〕見錢穆：《朱子新學案・朱子讀書法上》（台北：三民書局股份有限公司，1971
年），冊3，頁620。

〔註67〕全文爲：「問讀諸經之法。曰：『亦無法，只是虛心平讀去。』」見黎靖德編：
《朱子語類》（北京：中華書局，2004年2月），冊1，卷11，頁187。

〔註68〕全文爲：「問：『近看《論語精義》，不知讀之當有何法？』曰：『別無方法，
但虛心熟讀而審擇之耳。』」見黎靖德編：《朱子語類》（北京：中華書局，2004
年2月），冊2，卷19，頁440。

〔註69〕見黎靖德編：《朱子語類》（北京：中華書局，2004年2月），冊1，卷11，頁
186。

是隨著「自有所得」而「自有疑處」。從這段引文觀察，朱子似乎認為見得道理與生出疑惑這兩種結果，皆是由於虛心熟讀後所導致出來的。掌握道理本來就是讀書的重要目的，這點我們不難理解，可是從引文中來看，朱子似乎也不排斥疑的產生。甚至曾經說過：「學者讀書，須是於無味處當致思焉。至於群疑並興，寢食俱廢，乃能驟進。」〔註70〕依照此處的意思來說，學者若於讀書時毫無疑處，似乎便少了大大進步的可能性。若順著這樣的觀點，那麼朱子不正是在鼓勵我們要努力追求疑惑嗎？這疑惑又難道不會構成我們在讀書明理過程中的障礙嗎？

　　要了解這個問題，我們必須回顧上方的這段獨立引文，在引文中，朱子並未將意義的理解與疑的產生做一切割，其言「蓋熟讀後，自有窒礙」，正明示著疑惑是伴隨著理解的深入而導出的，換言之，朱子應當認為二者是可以並行不悖的，而意義的理解與疑的產生其實可以一併發生的。〔註71〕所以，當我們通過虛心地熟讀聖賢傳承下來的經典，嘗試從中掌握義理的同時，也便是在經典對我們開放的領域裡尋求展現於我的意義的一種提問，只有透過疑問的發生，我們才能在這個閱讀活動中領會道德意義。疑惑越深刻，也越能自經典中有所啟發的，這是何以朱子認為讀書要到「群疑並興，寢食俱廢，

〔註70〕　見黎靖德編：《朱子語類》（北京：中華書局，2004 年 2 月），冊 1，卷 10，頁 163。

〔註71〕　我們注意到在西方詮釋學中也有類似的觀點，高達美（Hans-Georg Gadamer）在討論「問題在詮釋學裡的優先性」時的一段敘述，可以類比說明這個現象：「詮釋學現象本身也包含了談話的原始性質合問答的結構。某個傳承下來的文本成為解釋的對象，這已經意味著該文本對解釋者提出一個問題。所以，解釋經常包含著與提給我們的問題的本質關聯。理解一個文本，就是理解這個問題。」（見伽達默爾著，洪漢鼎譯：《詮釋學 I：真理與方法》（北京：商務印書館，2007 年 4 月第 1 版），頁 501。）高達美認為當吾人進行文本詮釋時，有關問題與回應此等問答結構一併發生於詮釋過程的詮釋現象。換言之，高達美以詮釋的本身即是詮釋者與文本共處同一視域，或者應當說我們只在此唯一視域，文本傳承物的歷史性與我的歷史性的互相聯繫，而詮釋者與文本、傳承物遂奠基在此視域融合（Horizontverschmelzung），我們理解的活動才能發生，在此理解的過程中，就是接受文本對於詮釋者的提問與回答，意義的可能性也由此展開。依照這樣的說法，意義的理解與疑惑的產生確實不必要做出任何切割，因為疑惑、問題、窒礙，皆是理解活動的本身。因此，疑惑這是由吾人面對經典的提問來掌握經典的回答，我們是通過疑惑的過程來理解經典，若用高達美的話來說，即是：「對於某物可能性的理解其實總已經是在提問。……誰想思考，誰就必須提問。」（見伽達默爾著，洪漢鼎譯：《詮釋學 I：真理與方法》（北京：商務印書館，2007 年 4 月第 1 版），頁 508。）

乃能驟進」的一種解釋。

又這樣的義理的掌握過程，必然是展現於閱讀者與文本之間而發生的，換句話說，它不是起因於任何閱讀者的主觀預設立場，或任何知識性的操作所產生的閱讀障蔽，縱使因著閱讀活動必及於經驗中，唯訴諸文字語言方能實行，但是，這樣情況下的疑惑，與由經虛心工夫的致疑惑卻有根本的差異，前者是知識性的，後者則是著重於主體德行的修養上的反響，如朱子教誨門人時說：「開卷便有與聖賢不相似處，豈可不自鞭策！」〔註72〕又說「若是經書有疑，這箇是切己病痛。」〔註73〕若由讀經有疑，是切己病痛來看，則因體會與聖賢言語有不相似處，乃是在自家生命於道德義理的掌握上有不相應，而非知識性的，若知識性的不得其解，似不必稱之為「切己病痛」。所以虛心工夫與知識閱讀，雖然都有可能在過程中發生疑惑，但我們仍然須注意其中的區分、差別。也因為如此，朱子才強調：「先去尋箇疑，便不得。」若讀書未曾深入體會，便先就字句上找問題，這是朱子反對的刻意求疑，這與理解過程自然發生的疑並不相同。除此之外，朱子對於疑一事，還有這樣的討論：

> 看文字須子細。雖是舊曾看過，重溫亦須子細。每日可看三兩段。
> 不是於那疑處看，正須於那無疑處看，蓋工夫都在那上也。〔註74〕

首段文字談到看文字須要看得仔細，面對有疑處我們本來自會理會，面對無疑處更要用心下工夫，莫要輕易放過。且於有疑處，若非是因著虛心用功而有，則亦恐怕是因著主觀預設立場或知識性活動，才引起我們與經典的扞格，那麼此處自然不當持續用力，膠著其中，這樣的用力只是在經驗知識中消耗腦力，而非生命修養的真實工夫。因此，如果不能正確把握朱子關於疑的有刻意與自然的兩重區分，當我們閱讀此段引文時，恐怕就會以為朱子的論述有自相矛盾的地方了。依照這樣的認識，我們可以理解何以朱子於讀書法中，又重視溫習這件事，朱子嘗說：「『溫故而知新』，不是離了故底別有一箇新，須是常常將故底只管溫習，自有新意：一則向時看與如今看，明晦便不同；

〔註72〕見黎靖德編：《朱子語類》（北京：中華書局，2004 年 2 月），冊1，卷10，頁162。

〔註73〕見黎靖德編：《朱子語類》（北京：中華書局，2004 年 2 月），冊1，卷11，頁189。

〔註74〕見黎靖德編：《朱子語類》（北京：中華書局，2004 年 2 月），冊1，卷10，頁171～172。

一則上面自有好意思；一則因這上面卻別生得意思。」〔註75〕朱子認為要溫故知新不是要我們從新的事物中去找尋些什麼新的意思，當讀書作為修養的意義時，它的目的並不在於知識的累積，因此我們看到博學的操作中，朱子重視的也是我們能於事事物物上掌握道德之理，而非對於文字知識囫圇吞棗的大量攫取，這種認知意義的閱讀活動與修養工夫在實際上沒有什麼必然的聯繫，所以當我們把重心擺放在明理之時，我們更重視的是如何有效地掌握義理，而朱子認為溫故知新的反覆投入，與博學、精熟、專一同樣能幫助我們達到這一點，所以說：「觀書，須靜著心，寬著意思，沈潛反覆，將久自會曉得去。」〔註76〕我們透過在反覆的過程中，不斷地虛心靜看，讓自己沉浸於經典裡，直至原先看似平常經典產生疑惑，書本的意思此時才自然地朝向我們流出，將書中的道理展現給我們。

　　若依循這樣的理解，則由虛心用力所產生的疑惑非但不需要遭受擯棄，反倒還能做為評判我們是否了解經典中承載的道理的一種標的，因此我們可以看到朱子如此說：

> 學者貪做工夫，便看得義理不精。讀書須是子細，逐句逐字要見着落。若用工粗鹵，不務精思，只道無可疑處。非無可疑，理會未到，不知有疑爾。〔註77〕

讀書不當務多，只要虛心仔細讀去，讀得一字一句在心裡都有著落，便好；反而若是操之過急，貪多務快，縱然讀過也只是無處可疑，恰如朱子批評的：「今之學者，看了也似不曾看。」〔註78〕這種讀書是理會不到書中的道理的。有疑、無疑做為理解過的一個部份，其發生過程甚至還可被視為閱讀者理解是否深入的標準，因此，我們可以看到朱子這樣的說法：「讀書，始讀未知有疑，其次則漸漸有疑，中則節節是疑。過了這一番後，疑漸漸解，以至融會貫通，都無所疑，方始是學。」〔註79〕這顯然是以疑來說明由讀書下學以致

〔註75〕見黎靖德編：《朱子語類》（北京：中華書局，2004 年 2 月），冊 1，卷 9，頁153～154。

〔註76〕見黎靖德編：《朱子語類》（北京：中華書局，2004 年 2 月），冊 1，卷 11，頁181。

〔註77〕見黎靖德編：《朱子語類》（北京：中華書局，2004 年 2 月），冊 1，卷 10，頁169。

〔註78〕見黎靖德編：《朱子語類》（北京：中華書局，2004 年 2 月），冊 1，卷 10，頁171。

〔註79〕見黃宗羲原著，全祖望補修：《宋元學案・晦翁學案》（臺北：華世出版社，

融會貫通的上達的學養歷程，而其中關於疑從有至無的描述，更爲實踐者標記出歷程中身處於各個階段應有的體會。這也就是朱子所以說：「讀書無疑者，須教有疑；有疑者，卻要無疑，到這裏方是長進。」〔註80〕的緣故，因爲前一「有疑」指的是要虛心以至疑，後一「有疑」則是要做實踐者能在此活動中領略屬於自身的道德意義，在面對自我的疑惑時，能有向上貫通的體會。

朱子如此重視讀書要能有疑，同時又強調此疑不能是刻意求來的，我們若綜合這兩點，就可以明白只有虛心投入經典、文本（如針對原文的注疏亦可範圍在內），由此產生之疑，才是朱子要的，而這樣的疑才眞正聯繫了閱讀者對於道德意義的領會。換言之，因爲虛心致疑所關切的焦點乃是主體德行的修養，在這樣的取向上，所致之疑已然排除了主觀立場以及知識操作的涉入問題，這顯然也呼應了討論博學與精熟時，強調讀書法不等同於一般知識性的閱讀活動，而其所求之豁然貫通者，是道德之理，不是經驗知識之理。這樣的區分對於保住人皆可成堯舜的基本立場亦有價值，因爲倘若德行的成就有賴於知識配合，那凡人皆能成聖的基本立場，恐怕就要受到動搖。因爲假使道德修養需憑藉個人的知識學習方能有所成就，那道德修養終將成爲某些族群的專屬活動，舉例來說，如果我是下愚者，我便要面對於智力水準的限制，而無法順利地從事知識學習，如此一來，我的德行修養或許也將受到牽連，因而無法得到充分的發展；反之，如果是上智之人，則我在知識學習上所面臨的挑戰，亦可輕易地跨越，並藉此促成我個人的德行修養。在這樣的情況下，知識學習已然是德行修養的必要條件，則孔子所言的「我欲仁，斯仁至矣！」〔註81〕便失去普遍保證。至於我們爲何能夠如此進行讀書活動，卻不至跌入知識漩渦中打轉，則仍要歸因於虛心的工夫。

虛心工夫與義理掌握確實密不可分，因此朱子說：「聖人言語，皆天理自然，本坦易明白在那裏。只被人不虛心去看，只管外面捉摸。及看不得，便將自己身上一般意思說出，把做聖人意思。」〔註82〕聖賢言語傳達給我們的

1987 年 9 月），冊 3，頁 1549。

〔註80〕見黎靖德編：《朱子語類》（北京：中華書局，2004 年 2 月），冊 1，卷 11，頁 186。

〔註81〕見朱熹集註：《四書集註·論語·述而》（台南：大孚書局，2000 年 2 月），頁 47。

〔註82〕見黎靖德編：《朱子語類》（北京：中華書局，2004 年 2 月），冊 1，卷 11，頁

義理本來是坦易自然的，只因我們不能虛心觀看，反而自己隨意摸索，將自己的意思強做聖賢的意思，如此自然領會不得原本是顯明易見的天理。因此，在以虛心工夫作為基礎的整個閱讀活動中，它的發展並不接受投入解釋活動的實踐者預設立場的主導，也不受制於經驗、知識的侷限，而當在於實踐者對義理的掌握。

這麼說來，朱子的虛心工夫乃是為了使經典義理展現於我的一種基礎工夫，而理解的最終是以豁然貫通的上達於理為目標，此處的上達於理，實際上也就是恢復吾人心與理的本來貫通。我們若就本來貫通時，心之所知所覺皆是依理而為，那麼便可說此時吾人之心即是道心，換言之，虛心的工夫及蘊含由主觀習氣的束縛中超拔至義理燦然的心理通明無礙之境。因此，我們可以進一步說虛心是針對氣稟，由經驗、習氣的牽引中，逐步針對主體德性來使之純粹化的修養工夫，它讓我們及於此過程中，由人心澄靜為道心。其實吾人之性亦是天生本具，只是人不能自持，所以一時知覺於氣上便說為人心，朱子便於此要人好好地在讀書法中「虛心涵泳，切己省（一作「體」）察。」〔註 83〕只要工夫做足了，此時道心呈顯，我們也自然能夠從分殊事物中見得理一，所謂讀書見得道理亦是如此。

由虛心的修養工夫說至道心呈現，即表示虛心工夫有對冶氣稟的問題的效果，因此我們可以看到朱子曾說：

> 看前人文字，未得其意，便容易立說，殊害事。蓋既不得正理，又枉費心力。不若虛心靜看，即涵養、究索之功，一舉而兩得之也。
> 〔註 84〕

朱子認為讀書只有虛心用功，方能獲得正理，故朱子又曾說：「聖賢言語，當虛心看，不可先自立說去撐拄，便喎斜了。不讀書者，固不足論；讀書者，病又如此。」〔註 85〕若不如此，而如引文一開始說的，未看明白文字便想要有創見、爭著立說，那心中根本沒有空間讓聖賢的意思進來。此外，引文後

179。

〔註 83〕　見黎靖德編：《朱子語類》（北京：中華書局，2004 年 2 月），冊 1，卷 11，頁179。

〔註 84〕　見黎靖德編：《朱子語類》（北京：中華書局，2004 年 2 月），冊 1，卷 11，頁179。

〔註 85〕　見黎靖德編：《朱子語類》（北京：中華書局，2004 年 2 月），冊 1，卷 11，頁179。

頭也指出虛心靜看的讀書方法同時有改善氣稟駁雜的成效。此即是將義理的
領會與變化氣質一併著說。因此，朱子還有以讀書爲日常涵養工夫的說法：

> 凡日用工夫，須是自做喫緊把捉。見得不是處，便不要做，勿徇他
> 去。所說事有善者可從，又有不善者間之，依舊從不善處去，所思
> 量事忽爲別思量勾引將去。皆是自家不曾把捉得住，不干別人事。
> 須是自把持，不被他引去方是。……把捉之說，固是自用著力，然
> 又以枯槁無滋味，辛急不易著力。須平日多讀書，講明道理，以涵
> 養灌培，使此心常與理相入，久後自熟，方見得力處。且如讀書，
> 便今日看得一二段，來日看三五段，殊未有緊要。須是磨以歲月，
> 讀得多，自然有用處。〔註86〕

心雖與理貫通，但人生而有氣稟質性，一旦落於日常生活中，不免容易受到
物欲牽引，因此門人說「事有善者可從，有不善者間之，依舊從不善處去」，
只要工夫有頃刻間斷，一念執迷，心之知覺往往易爲「別思量勾引將去」。所
以朱子訓示門人說這都是對自家本來與理明通無礙的道心把持不住，就爲氣
稟遮掩了，便只爲人心。要人把持此心的方法有許多，但在朱子看來，能夠
幫助我們「講明道理」，同時又可以避免「枯槁」與「不易著力」的毛病的，
還是讀書最好。既然讀書是爲了「講明道理」，那便要知道我們要「講明」的
是何種「道理」，以及所欲明理者又是爲何？我們前面已經說過，讀書所要契
悟的不是「事物的經驗之理」，在虛心的工夫之下，我們要契悟—講明—的是
形上的天理，也就是恢復道心的本來面貌，因此要明道理者，正是吾人之心。
那麼文中所說的「涵養灌培」，其實就是心之復其本然，換句話說，也就是要
我們的「心常與理相入」，以能夠回到心與理明通無礙的狀態。朱子認爲只要
勤奮地施以工夫，不可以只是今日看個一二段，明日看個二三段，那麼持續
地「磨以歲月」，便能積久自成。通過這則引文，我們不難理解朱子所以重視
讀書的理由，在讀書法中，與此類似的意思一再出現，我們還可以再看一段
文字：「心不定，故見理不得。今且要讀書，須先定其心，使之如止水，如明
鏡。暗鏡如何照物！」〔註87〕通過讀書以此貞定吾人之心，這個意思正能補

〔註86〕見黎靖德編：《朱子語類》（北京：中華書局，2004年2月），冊7，卷118，
頁2849～2850。
〔註87〕見黎靖德編：《朱子語類》（北京：中華書局，2004年2月），冊1，卷11，頁
177。

充說明我們在討論精熟處提及朱子認爲只要專一便能熟記的想法，其實就朱子而言，書讀不好是因爲我們的心不能定，不能「喫緊把捉」而只是隨物走做，如此知覺都是隨物流轉，當然見不得道理，也無法依理用事，因此，朱子比喻說，想用不定的心來尋找明理達道的可能，就像想拿灰塵蒙蔽的鏡子來照見事物，卻還希望能照見事物清晰的樣貌一樣。朱子這樣解釋心不定與讀不好書的關係，仍然是將讀書視爲改善氣質的要法，因此又說「日間常讀書，則此心不走作」，〔註88〕認爲要令心定在道理上，依舊得通過多讀書，接著「磨以歲月」，心方能據理應事。我們這麼說虛心工夫，實際上已然隱含一切義理的理解基礎應當是被建立在主體的明覺以及回復道心上的意思，關於這點，在讀書次第與切己的部份中，將會交代的更爲清楚。

最後，我們還可以回顧在本節第一部份討論博學與精熟的意義時，曾引述朱子與門人陳淳的話語，談到博學與修養的關係。在該處的引文中，曾提及朱子有以鏡喻心的說法，由此以說明聖人工夫若做到極處，一心之感事應物，皆能從容合道，無有差失。然而，以鏡喻心的譬喻方法卻非朱子獨創，我們姑且不論老莊、釋氏，其實早在北宋二程，已經有此種用法。〔註89〕王陽明亦曾以此教育學生，因而說：

> 是故不欺則良知無所僞而誠，誠則明矣；自信則良知無所惑而明，明則誠矣。明誠相生，是故良知常覺常照；常覺常照，則如明鏡之懸，而物之來者自不能遁其妍媸矣。〔註90〕

陽明的以鏡喻心，重在強調良心的自然明覺，吾人可即當下自信，即當下誠明。因此陽明說「誠則明」、「自信則良知無所惑而明」皆是就著本體來說工夫，是即體即用、「體用一源」〔註91〕的講法，此即是牟宗三先生所說的：「講

〔註88〕見黎靖德編：《朱子語類》（北京：中華書局，2004 年 2 月），冊 1，卷 11，頁 176。

〔註89〕明道於〈定性書〉中有：「今以惡外物之心，而求照無物之地，是反鑑而索照也。」之語，見程顥，程頤：《河南程氏文集》，《二程集》（北京：中華書局，1981 年 7 月），卷 2，頁 461；伊川則有：「聖人之心，如鏡，如止水。」之語，見程顥，程頤：《河南程氏遺書》，《二程集》（北京：中華書局，1981 年 7 月），卷 18，頁 202。

〔註90〕見王守仁：〈答歐陽崇一〉，《傳習錄中》，《王陽明全集》（上海：上海古籍出版社，1992 年 12 月），卷 2，頁 74。

〔註91〕即陽明所謂：「即體而言，用在體；即用而言，體在用，是謂體用一源。」見王守仁：《傳習錄上》，《王陽明全集》（上海：上海古籍出版社，1992 年 12月），卷 1，頁 31。

道體就涵著工夫，講工夫就印證道體，這兩面一定是相應的。」〔註92〕我們若將朱子的以鏡喻心之語，拿來與陽明此語對照觀看，對於掌握兩者本體工夫上的個別差異，也能更為明朗。除了第一部分及前兩段中的引文外，關於朱子的心鏡之喻，還有如此陳述：

> 心猶鏡也，但無塵垢之蔽，則本體自明，物來能照。今欲自識此心，是猶欲以鏡自照而見夫鏡也。既無此理，則非別以一心又識一心而何？〔註93〕

我們觀察兩段引文，發現兩者皆主張若此心無所遮蔽，則本體自明，故陽明說「知無所偽而誠」，朱子亦言「無塵垢之蔽，則本體自明」。然而，實際上兩人對於此處以鏡而喻之本體，卻有明顯不同的見解。原來，朱子的心是合理氣所言的氣之靈，它並不即是理，其所謂本體自明，是在此心去除塵垢的掩蔽後，復返心理本來一貫的狀態，而陸王的心卻即是理，故可於逆覺中證得本體自明，所以陽明在引文中所稱的自信，也就是要我們能於存在的當下一念自反而誠、自信而明，這與孟子所謂「反身而誠，樂莫大焉」〔註94〕是同一個意思。可是朱子對心與理的了解卻不是這樣，因此，他便以心如鏡的譬喻，來指摘象山心學中直指本心的即本體即工夫，他認為象山要人識得此心，以「立乎大者」〔註95〕來體悟天理的工夫，是很不恰當的，在朱子的思維中，心所以能如鏡照物，只是心的本然知覺，工夫本來只在解除氣稟的遮掩，如此道心自然展現，物來順應自然能夠知覺合於天理，反觀象山卻要人先識察本心，這不是要我們以本於心的知覺再去照見此心，猶如「以一心又識一心」，彷彿一心之外仍有一心，這不是很不合理嗎？當然，我們已經說過了，朱子這樣的批評是站在他自己對於心的理解，完全不合於象山的心學系統。只不過，藉由了解朱子的評述，我們也可以明白朱子在虛心工夫上的著力點為何，並明白朱子的工夫並非孟子逆覺體證一路的即本體說工夫。

〔註92〕見牟宗三：《中國哲學十九講》（台北：台灣學生書局，1983年10月），頁395。
〔註93〕見朱杰人，嚴佐之，劉永翔主編：〈答王子合〉，《晦庵先生朱文公文集》，《朱子全書》（上海：上海古籍出版社，安徽教育出版社，2002年12月），冊22，卷49，頁2257。
〔註94〕見朱熹集註：《四書集註・孟子・盡心上》（台南：大孚書局，2000年2月），頁189。
〔註95〕原文上下語句為：「人惟不立乎大者故為小者所奪，以判乎此理，而與天地不相似。」見陸九淵著：〈與朱濟道〉，《陸九淵集》（北京：中華書局，1980年1月），卷11，頁142。

三、讀書次第與切己

　　朱子要我們讀書，是以虛心作爲基礎背景，並通過博學、精熟地用功，以便掌握道理，以此涵養主體的德性。然而這是不是意味著道德修養需要典範呢？我們的意思是說，如果主體的涵養需要在書冊中進行，那是否意味著讀書明理這樣一種實踐工夫，是要我們自經典中找尋一種道德的價值，而有向著外處尋求道理的意思在裡頭？要了解這個問題，我們可以先由朱子關於讀書次第的說法看起。

　　翻閱讀書法的文獻時，我們可以清楚的感受到朱子對於讀書方法有著條理分明的步驟要求，這不僅展現在種種細部的操作說明上，也體現在朱子對於我們閱讀書籍時應有一定次序的指示，在讀書法裡，朱子有這樣的一段話：

> 今人只爲不曾讀書，祇是讀得粗書。凡讀書，先讀《語》《孟》，然後觀史，則如明鑑在此，而妍醜不可逃。若未讀徹《語》《孟》《中庸》《大學》便去看史，胸中無一箇權衡，多爲所惑。又有一般人都不曾讀書，便言我上悟得道理，如此便是惻隱之心，如此便是羞惡之心，如此便是是非之心，渾是一箇私意，如近時祧廟可見。〔註96〕

這段文字的一開始敘述了讀書的種類與次序上的問題，朱子認爲人應該先熟讀四書，然後方才讀史。〔註97〕並接著表示，唯有如此依序讀來，才能於讀史時把住權衡、明白無惑。從這點看來，朱子提出讀書次第當是有一定的意義，而非隨機取樣的偶然安排，對此，我們若能進一步地去了解此等讀書次第中隱含的意義爲何，亦有助於掌握讀書法的進行與修養工夫的發展。回到引文中，朱子強調若不先讀《論語》、《孟子》，便逕自去閱讀史書，便無法見出書中的美好與醜惡之處。然而朱子此處所謂的美好與醜惡之處指的又是什麼？我們可以藉助《語類》中的另一則紀錄：「讀史當觀大倫理、大機會、大

〔註96〕見黎靖德編：《朱子語類》（北京：中華書局，2004 年 2 月），冊 1，卷 11，頁 195。

〔註97〕若細講，在讀書法中，朱子對於讀史書亦有先後次第之分，朱子認爲讀史當：「先讀《史記》及《左氏》，卻看《西漢》《東漢》及《三國志》。次看《通鑑》。」（見黎靖德編：《朱子語類》（北京：中華書局，2004 年 2 月），冊 1，卷 11，頁 195。）此中則因記事詳略而別先後。同時，即就單一本書亦有其閱讀方法，如「看《通鑑》固好，然須看正史一部，卻看《通鑑》。一代帝紀，更逐件大事立箇綱目，其間節目疏之於下，恐可記得。」（見黎靖德編：《朱子語類》（北京：中華書局，2004 年 2 月），冊 1，卷 11，頁 196）。

治亂得失。」〔註 98〕若以大作爲形容閱讀者應該採取的格局，而以倫理、機
會與治亂得失來切入，則表示讀史書時應當將重點放在人倫道德的常理、人
物事件的關鍵轉折與一國一家的治亂興亡上注意。因此大倫理指當是具有普
遍性而亙古通今的普世道德價值，以此類推，所謂大機會、大治亂得失，也
不是把眼光侷限於一人一時的私利、成敗，並不是拿史書作爲博物上的一種
科學研究。然而此處我們直接將大倫理與治亂得失的標準聯繫到道德價值，
過程或許有些草率，對此，我們仍需看到另一則有關讀書次第與讀史的引文：

> 先看《語》《孟》《中庸》，更看一經，卻看史，方易看。先讀《史記》，
> 《史記》與《左傳》相包。次看《左傳》，次看《通鑑》，有餘力則
> 看全史。只是看史，不如今之看史有許多嶢崎。看治亂如此，成敗
> 如此，「與治同道罔不興，與亂同事罔不亡」，知得次第。〔註 99〕

本文前半部是就讀書次第所給出的指示，後半部則是強調讀史要知得治亂、
成敗。由《語》、《孟》、《中庸》而至《左傳》、《通鑑》這樣的次序，大抵來
說仍是先經後史，與前一則獨立引文中的次序並無相異處，這是朱子在讀書
次第上的一貫要求。而後半說讀史要能理會「與一國安定則當要興盛，與之
變亂則自要敗亡」的道理，如此國祚與人物的延續與否是實依循著治與亂。
此種論述在儒家思想中並不罕見，早在《尙書・召誥》中便有：「天亦哀于四
方民，其眷命用懋，王其疾敬德。相古先民有夏，天迪從子保；面稽天若，
今時既墜厥命。……有王雖小，元子哉。其丕能諴于小民，今休。」〔註 100〕
召公認爲老天爺是憐憫四方百姓的，因此君主應當顧慮天命，勤勉於德行與
政事，如此才不至於重蹈前朝覆轍，如夏代原本亦得上天愛護，直至桀悖天
而行，乃墜命喪國；因此召公勉勵成王，謂成王年紀雖小，但只要敬德愛民，
使之安定融洽，就能國事休美矣！此種德與政之結合，發展至孟子學，便是
王霸之辨，所謂「以德行仁者王」、「以力假仁者霸」，〔註 101〕如此王霸之辨只

〔註 98〕見黎靖德編：《朱子語類》（北京：中華書局，2004 年 2 月），冊 1，卷 11，頁
　　　　196。

〔註 99〕見黎靖德編：《朱子語類》（北京：中華書局，2004 年 2 月），冊 1，卷 11，頁
　　　　195。

〔註 100〕見《尚書正義・召誥》（北京：北京大學出版社，2000 年 12 月），卷 15，頁
　　　　466～468。

〔註 101〕原上下文爲：「以力假仁者霸，霸必有大國；以德行仁者王，王不待大，湯以
　　　　七十里，文王以百里。以力服人者，非心服也，力不贍也；以德服人者，中
　　　　心悅而誠服也，如七十子之服孔子也。詩云：『自西自東，自南自北，無思不

在能由仁義與否，儒學之評治亂若不述及事功一派，〔註102〕則多不能外出此討論傳統。因此，吾人讀史時對於歷史事件的成敗得失之評價，顯然是依據道德標準來做判定。以道德標準來論斷史事，一國之興衰繫乎能否以仁義做為最優位的施政方針，則文末「知得次第」雖是正面述說先經後始的讀書次第，卻也隱含知得本末先後的意義在內。由讀書次第說至本末先後，點出在朱子的讀書法中，讀史與道德判斷一事是有著密切的關聯，若能掌握這一點，我們便可以了解何以在開頭的獨立引文中，朱子講完讀史若不曾徹底讀得四書，看史容易有疑惑，此明顯是以四書的道德涵養做為讀史時考察妍媸的根據。換句話說，判斷的價值實際上是道德的價值，因此是與非乃是依據道德上的善與惡為標準。所以接下來，朱子又指出若不曾讀書，則惻隱之心、羞惡之心的說詞都恐怕會是私己的意見，這樣的講法當然跟朱子以仁不是心，四端之發是情有關，否則在孟子學中，四端之情是屬本性之情，只有善可說，此自不能與七情六慾混雜著談。但朱子以不讀書而私見將與四端之情混淆的說法，除了反對象山直說本心的毛病，而有強調讀書工夫的重要性外，不啻於側面點出讀史的道德判斷應當與四書涵養有關聯。我們可以看到這則引文：

> 今人讀書未多，義理未至融會處，若便去看史書，考古今治亂，理會制度典章，譬如作陂塘以溉田，須是陂塘中水已滿，然後決之，則可以流注滋殖田中禾稼。若是陂塘中水方有一勺之多，遽決之以溉田，則非徒無益於田，而一勺之水亦復無有矣。讀書既多，義理已融會，胸中尺度一一已分明，而不看史書，考治亂，理會制度典章，則是猶陂塘之水已滿，而不決以溉田。若是讀書未多，義理未有融會處，而汲汲焉以看史為先務，是猶決陂塘一勺之水以溉田也，其涸也可立而待也。〔註103〕

若義理未能融會貫通，則表示此時吾人之心尚並未能切確掌握天道性理，所

服。』此之謂也。」見朱熹集註：《四書集註·孟子·公孫丑上》（台南：大孚書局，2000 年 2 月），頁 43。

〔註102〕如永嘉學派站在經制事功的立場，目光聚焦於社會具體現況，遂有「『正誼不謀利，明道不計功』，初看極好，細看全疏闊。古人以利與人，而不自居其功，故道義光明，既無功利，則道義乃無用之虛語耳。」之說，此語出自葉適，見黃宗羲原著，全祖望補修：《習學記言》，《水心學案上》，《宋元學案》（臺北：華世出版社，1987 年 9 月），冊 3，卷 54，頁 1774。

〔註103〕見黎靖德編：《朱子語類》（北京：中華書局，2004 年 2 月），冊 1，卷 11，頁 195。

以舉措、思辨猶未能合乎本性，若依據上個部份對虛心的討論來理解，則此時虛心的工夫亦未能做到家，心之本來與理貫通的狀態尚未明朗，氣稟混雜其中，故心亦不似明鏡，若這樣便去看史書，自然無法明察倫理、機會與治亂得失，也無從辨別妍麗、醜惡。因此，在義理未明時，便欲讀得史書，就朱子來說，這就像想要拿一勺的水源來灌溉若大的田地，只是杯水車薪，田地的荒蕪與水源的枯竭都是指日可待的。朱子的這個譬喻十分生動，假使我們從這個譬喻來觀察，對於讀史而言，義理的地位是做為一種必要條件的支持的關係，我們若剔除義理的支撐，那讀史一事也就無法持續。所以進一步地說，當我們的心無法確切掌握義理時，讀史對於道德生命顯然是無益的，而且當虛心工夫未能做足，此心未及知性，經典的閱讀便帶有主觀意見的涉入，朱子說：「看文字須是虛心。莫先立己意，少刻多錯了。」〔註104〕便在強調這個問題，這即是我們先前就首則獨立引文，說朱子認為不好好讀書便大肆談論惻隱之心、羞惡之心，如此四端之心，都恐是私意造作的意思。蓋吾人之心本合理與氣而存在，無時無刻不受到習氣影響，因此當我們未能虛心用功時，便有私意摻雜的危險，此時我們不僅讀不出史書的治亂興亡的道理，也無法由道心當下做出依據性理而來的道德決斷，一切決斷僅憑私自臆度，權衡的標準也只是私情而非仁義。換言之，這時我們的判斷並不存在客觀妥效性。要判斷能具備客觀妥效性，則輕重的標準當然不是出自於個人的喜好的權衡，不然，某甲以之以為輕，某乙或以之以為重。因此唯有在經典中反覆涵養能依理義知覺的道心，而依據性理所給出的普遍道德價值做判斷，才能見出大倫理、大機會與大治亂得失，以此從中做出判別，皆如鏡之照物般地分毫不差。此時判斷雖出於我，而似屬於主觀之判斷，但此時判斷的標準卻在性理，故得保證其客觀妥效性。關於此點，於「切己」的討論處仍會觸及，為避免重複，此不贅論。

除此之外，朱子在引水治田的例子中，也提到我們若於義理融會後，對一切人事道理得失權衡的標準了然於胸，那麼就應該要立即付諸實踐。引文中朱子指出，讀史便是一種具體實踐，若此時不讀史，不能於歷朝治亂、制度典章上理會，那「猶陂塘之水已滿，而不決以溉田。」如此田地亦將荒蕪，仍是無益，這裡一來反映了我們在前幾個部份中提到朱子重視即事體認天

〔註104〕見黎靖德編：《朱子語類》（北京：中華書局，2004年2月），冊1，卷11，頁179。

理，不需談性命，心中若有理會自當即事而見，天理與人事無可分割，若只在高遠處玄想，道理難免虛懸，如同蓄水於陂塘之中，卻不能引水灌溉田地，終究無法將絕對的天理體現在人倫實踐中。再者，我們也可以從朱子把讀史視爲義理的實踐這一事上看出，讀史本身即可作爲經世致用的外王工夫。因此，唐君毅曾如此解釋朱子的讀書法：

> 讀書非只是做事之具，而其本身即是做事。人既由讀經而意義融會，
> 則讀史而判事之是非，亦學者原當有、當爲之事。若只視讀書讀史，
> 爲此德性工夫之助，則講究義理至於融會，盡可專以身體力行爲務，
> 而不更讀書，亦似無不可。依象山陽明之教言之，此時人亦似可脫
> 略文字也。然依朱子之此類之言，則讀書本身即做事，讀史而知其
> 所記之事之是非，其本身亦所當爲之事。〔註105〕

唐君毅先生認爲，朱子對讀書的理解並非只將它視爲一種資成義的德性輔助工夫，因此，讀書不當視爲一種做事的工具，讀書是在尋求意義融會，並且再加以實踐判斷的一種過程。唐君毅先生這樣理解讀經的融會與讀史的判斷，基本上已經將讀書視爲一種同時涵蓋德行涵養與義理實踐的工夫。我們認爲這樣的解釋是合乎朱子對讀書法的理解的，朱子曾表示：「讀書便是做事。凡做事，有是有非，有得有失。善處事者，不過稱量其輕重耳。讀書而講究其義理，判別其是非，臨事即此理。」〔註106〕這裡指出讀書即是做事，而事情本有是非、得失可言，因此善於做事的，就是那些能夠從事事物中稱量輕重、判斷是非的。這可以說明何以朱子認爲讀史重在指出興亡得失、辨別高下妍醜，原來在朱子眼中，讀書便是做事，便要去稱量本末輕重，而這稱量輕重的本身，已然是一種道德實踐。我們若不這樣理解朱子的讀書、讀史，僅僅將讀書法視爲一種成德路上的輔助工夫，那麼唐君毅先生以爲朱子的讀書法的便要失去意義。蓋輔助工夫只是一種方法，因材施教的本身並無必然性，它可及於不同對象而有取捨，在這樣理解下的讀書法其實可以自聖門教法中剔除，更不復言只將讀書視爲文字事業。可是道德實踐卻是生命哲學中不可或缺的具體開展，讀書法只有在這層意義下才能彰顯其無可取代

〔註105〕見唐君毅：《中國哲學原論・原教篇》（台北：台灣學生書局，1990 年 9 月），
　　　　頁 266。

〔註106〕見黎靖德編：《朱子語類》（北京：中華書局，2004 年 2 月），冊 1，卷 11，
　　　　頁 183。

的價值。

經過上述的討論，我們可以明白朱子講求讀書次第並非只是單純地提出一種知識學習的操作步驟，我們由讀書次第安排中，看見了修養工夫在涵養與實踐上的聯繫。這樣的次第在讀書法上的具體排序是先讀經，後讀史，對應於修養工夫上則是先涵養義理，後實踐判斷，此即朱子說：「不若先涵養本原，且將已熟底義理玩味，待其浹洽，然後去看書，便自知。」﹝註107﹞的安排，這種安排的說法也很能呼應朱子強調先涵養後識察，以靜時養心之能夠虛靈不昧，後至動時亦不致妄動的工夫觀點。然而，我們認為讀書法中先涵養義理、後實踐判斷的關係除了時間上的先後之外，應當還具有一種互證﹝註108﹞的循環關係，而涵養與實踐的進行不當只被視為一條線上的先後兩個階段，彼此互不干涉，整個過程只在豁然貫通的一點上有所銜接，遂將前段判為涵養義理，後段當成具體實踐。我們認為涵養與實踐是不斷地交互發生的，在這樣的理解中，二者的關係除了橫向平列，如物理學中時間線段上的先後意義外，也當帶有縱向的交涉，意即可以被表述為將涵養作為道德實踐的基礎，並以實踐作為證知涵養義理的真實不虛的互證結構。此是我們將實踐視為伴隨著涵養而來的同一工夫活動組成，﹝註109﹞我們可以通過朱子對知與行的關係的討論來理解這樣的構造，以對讀書法中涵養與實踐的關係的有進一步體會。朱子對知行關係的敘述

﹝註107﹞原句上下文為：「學者觀書多走作者，亦恐是根本上功夫未齊整，只是以紛擾雜亂心去看，不曾以湛然凝定心去看。不若先涵養本原，且將已熟底義理玩味，待其浹洽，然後去看書，便自知。只是如此。老蘇自述其學為文處有云：『取古人之文而讀之，始覺其出言用意與己大異。及其久也，讀之益精，胸中豁然以明，若人之言固當然者。』此是他於學文上功夫有見處，可取以喻今日讀書，其功夫亦合如此。……」見黎靖德編：《朱子語類》（北京：中華書局，2004年2月），冊1，卷11，頁178。

﹝註108﹞此處「互證」一詞的使用源自林維杰先生對朱子知行關係的描述，「互證」即相互證成的意思。見林維杰：〈朱熹經典詮釋中的工夫論〉，《中國文哲研究通訊》卷17期2（台北：中央研究院中國文哲研究所，2007年6月），頁248。

﹝註109﹞雖不盡相若，然而高達美的哲學詮釋學觀點有關理解、解釋與應用的論述，亦能於我們的思考有所啟發，可誌於下：「在理解中總是有某總這樣的事情出現，即要把理解的文本應用於解釋者的目前境況。這樣，我們似乎不得不超出浪漫主義詮釋學而向前邁出一步，我們不僅把理解和解釋，而且也把應用認為是一個統一的過程的組成要素。……因為我們認為，應用，正如理解和解釋一樣，同樣是詮釋學過程的一個不可或缺的組成部分。」（見伽達默爾著，洪漢鼎譯：《詮釋學Ⅰ：真理與方法》（北京：商務印書館，2007年4月），頁418～419。）

如下：

> 知、行常相須，如目無足不行，足無目不見。論先後，知爲先；論
>
> 輕重，行爲重。〔註110〕

有關知行的討論由來已久，若據林維杰先生的考究，〔註111〕最早的文獻出現
在《左傳》與僞《古文尚書》中，如《左傳‧昭公十年》有：「非知之實難，
將在行之。夫子知之矣，我則不足。」《古文尚書‧說命中》則有：「非知之
艱，行之惟艱」而這兩段引文都重在指出知易行難的問題。至於上述的獨立
引文中，朱子則將知行的問題轉向先後、輕重來討論，指出知與行如吾人之
目與足，二者相須，缺一不可。若論知行輕重，依朱子重視實踐的立場，行
當重於知，朱子曾說：「學之之博，未若知之之要；知之之要，未若行之之實。」
〔註112〕蓋形而上的道理只有在實踐才能爲我們掌握，徒然博學於文，亦非生
命實學，因此論輕重當以行爲重。若以先後來說，朱子認爲知先於行，這個
說法不難理解，它近似我們在讀史中討論的，即要先知曉義理，爾後方能在
實踐中做出權衡判斷。因此，朱子說：「方其知之而行未及之，則知尚淺。」
〔註113〕若不能有行，卻非由於行之不易，而是因爲知有未透，此義類似程伊
川談虎色變之喻，以未能依理而行之故是於理未能有所眞知。〔註114〕而這兩
種說法在朱子的哲學中都是可以成立的，並帶有互補的色彩，這並非解釋的
偶然，總和來說，知與行在朱子的觀念中確實缺一不可，二者互相證成的關
係，亦令二者在實踐的過程中不斷轉爲對方的基礎，朱子說：

> 林子淵問知止至能得。曰：「知與行，工夫須著並到。知之愈明，則

〔註110〕見黎靖德編：《朱子語類》（北京：中華書局，2004 年 2 月），冊 1，卷 9，頁
　　　　148。

〔註111〕見林維杰：〈朱熹經典詮釋中的工夫論〉，《中國文哲研究通訊》卷 17 期 2（台
　　　　北：中央研究院中國文哲研究所，2007 年 6 月），頁 246。

〔註112〕見黎靖德編：《朱子語類》（北京：中華書局，2004 年 2 月），冊 1，卷 13，
　　　　頁 222。

〔註113〕原句上下文爲：「論知之與行，曰：『方其知之而行未及之，則知尚淺。既親
　　　　歷其域，則知之益明，非前日之意味。』」見黎靖德編：《朱子語類》（北京：
　　　　中華書局，2004 年 2 月），冊 1，卷 9，頁 148。

〔註114〕伊川謂：「眞知與常知異。常見一田夫曾被虎傷，有人說虎傷人，眾莫不驚，
　　　　獨田夫色動異於眾。若虎能傷人，雖三尺童子莫不知之，然未嘗眞知，眞知
　　　　須如田夫乃是。故人知不善而猶爲不善，是亦未嘗眞知。若眞知，決不爲矣。」
　　　　見程顥，程頤：《河南程氏遺書》，《二程集》（北京：中華書局，1981 年 7 月），
　　　　卷 2 上，頁 16。

> 行之愈篤；行之愈篤，則知之益明。二者皆不可偏廢。如人兩足相
> 先後行，便會漸漸行得到。若一邊軟了，便一步也進不得。然又須
> 先知得，方行得。所以《大學》先說致知，《中庸》說知先於仁、勇，
> 而孔子先說『知及之』。然學問、慎思、明辨、力行，皆不可闕一。」
> 〔註115〕

從朱子回答林子淵的答覆中看來，朱子也認為知與行不是截然二分的關係，在從「知止至能得」的過程中，對性理知得越透徹，則實踐便越篤實，反過來說，越能誠實專一地實踐，則越能於義理之上獲得清楚的體悟。兩者交互地成為對方實踐發展時的基礎，所以說不能有所偏廢，朱子認為這樣的過程如同人之兩足，若欲達至某地，它們便要交相先後而行，假使任何一足出了毛病，另一足自然也要受到牽連，一步也行進不得。如此說來，在朱子的系統中倘若存在著知與行的相互證成，正是由於修養工夫中的知行相需。我們認為這樣的關係若被簡化地解釋為橫向的因果關聯、或時間線上的前後兩端，或忽略了其中的互證循環，當是由於我們將知與行僅僅視作兩個執行步驟，而未能關注在具體實踐中，二者對主體德行修養的實存發展。又我們或許會問，這種縱向的互證循環，是否會與前文中朱子提到「先知得，方行得」的橫向先後意義發生矛盾衝突，從而推翻我們互證循環的觀點？這個答案當然是否定的，我們認為互證循環的基礎在於知行相需的結構上，而先知後行的說法則是時間上的自然順序，換言之，這種先後順序當是關於執行步驟在現實中呈現的一種形態，我們如果只是將重點擺放在此，而忽略了主體的實踐過程中，知與行猶如眼目與腳足一般，彼此互相需要，缺一不可，那麼我們對於讀書法中的涵養與實踐的理解，或許仍未完整。因此，知行的互證循環與先知得方行得的說法顯然並無衝突，二者應當是同時並存的。於是朱子在說完「先知得，方行得」之後，便復由《大學》、《中庸》、《論語》〔註116〕闡明「然學問、慎思、明辨、力行，皆不可闕一」的思想，而這顯然是承上文對於知行二者之相須與互證的理解下，被提出來的觀點。林維杰先生對朱

〔註115〕 見黎靖德編：《朱子語類》（北京：中華書局，2004 年 2 月），冊 1，卷 14，頁 281。

〔註116〕 子曰：「知及之，仁不能守之，雖得之，必失之。知及之，仁能守之，不莊以莊之，則民不敬。知及之，仁能守之，莊以莊之，動之不以禮，未善也。」見朱熹集註：《四書集註‧論語‧衛靈公》（台南：大孚書局，2000 年 2 月），頁 111。

子的知與行關係分析道：

> （在朱子的系統中）對於理的認識窮索是不能獨立的，它必須結合
> 實踐與修養才可能真正落實；而實踐與修養也不是單獨的工夫，它
> 們得通過致知窮理才不會失去方向。而在這種彼此結合的形態中，
> 有先後關係，也有一體化的傾向。先後關係是先致知後涵養；一體
> 化則是即知即行、即致知即涵養。〔註117〕

也就是說，縱然在知與行上的結合上有先後關係，然而就實踐上來說，由於
知與行存在著互攝的一體化的意義，在此一體化意義中，知與行是相即的。
但是，我們也曾在上文中提到過，先後的關係並不與相即的關係衝突，則橫
向的時間先後卻也不能在縱向的討論中被取消。林維杰先生亦認為：

> 在先知後行中，實踐功夫和修養工夫必須以致知為前提；但由於真
> 正的知與行乃是彼此滲透的互攝互證，所以為學的過程中也必然會
> 由此先知後行而過渡到即知即行。然而需要強調：首先，這種為學
> 過程的過渡是由先後關係轉到相即關係，而非由相即到先後或由實
> 踐涵養到認識；其次是相即並未取消先後。〔註118〕

林維杰先生以一體化的觀念解釋即知即行的互攝互證，即我們前述「將實踐
視為伴隨著涵養而來的同一工夫活動組成」的意思。我們若將討論帶回道德
涵養與實踐判斷中，則涵養與實踐本身亦同知行一般，同時具有橫向的時間
先後與縱向的互證循環的意義。而這種互證循環的結構同時提醒著我們，道
德工夫不是一蹴可幾，或者須臾間斷的，其過程必然是反覆地通過涵養以通
向實踐，再由實踐的經驗投入涵養，這麼說來，互證循環不僅說明了讀書法
進行中持續積累與發展的結構，也同時展現朱子對力學篤行工夫的踏實要
求。這是於每一回具體道德經驗中增進心對理的契合，在下次致知活動上更
完好地掌握本性中的道德原則，以此體現於日常生活。我們若能掌握這層意
思，當知實踐活動本身亦有助於心性之涵養，例如讀史本身雖然是道德判斷
的實踐活動，但在這層意義下，亦可喚做吾人心性之修養工夫：

> 學者喫緊是要理會這一箇心，那紙上說底，全然靠不得。或問：「心

〔註117〕見林維杰：〈朱熹經典詮釋中的工夫論〉，《中國文哲研究通訊》卷17期2（台
　　　　北：中央研究院中國文哲研究所，2007年6月），頁250。

〔註118〕見林維杰：〈朱熹經典詮釋中的工夫論〉，《中國文哲研究通訊》卷17期2（台
　　　　北：中央研究院中國文哲研究所，2007年6月），頁251。

> 之體與天地同其大，而其用與天地流通」云云。先生曰：「又不可一
> 向去無形迹處尋，更宜於日用事物、經書指意、史傳得失上做工夫。
> 即精粗表裏，融會貫通，而無一理之不盡矣。」〔註119〕

朱子認為修養的重點在心上，而要理會吾人之心只能靠自己做工夫，這工夫
卻不是含混籠統地就無形無迹處捉摸，而當就日用事物、經書義理、史傳得
失處下工夫。徐徐為之，一旦融會貫通，道理當下便在心上，無所遺漏。引
文中，讀史判斷即由實踐活動轉為修養工夫，這是由實踐要求轉向品德要求。
其所以能夠如此，除了上述在互證循環結構中，實踐亦有做為涵養背景的情
況下，而致使實踐活動本身亦帶有德性輔助的功效外，也導因於讀史這一實
踐判斷原來即帶有品德要求的性格在內，亦即在完成此種活動前，吾人需有
德性的涵養做為判斷的前提。或者換個角度來說，這品德性格的要求由讀書
法中先經後史的次第觀之，其本身即是以涵養做為判斷可行依據的結構。另
外，我們在先前的討論中提到，若是依據橫向時間軸的刻度──先經後史的
次第，涵養應當先行於實踐，因此，我們可以肯定涵養是讀書法中最基本且
首要的追求。又在引水治田的例子裡，我們提到「道心所給出的普遍道德價
值做判斷，才能見出大倫理、大機會與大治亂得失」，則涵養所追求的即是使
心知理，所以由涵養而至實踐，應當可以引伸地理解為依理知覺的道心對史
事做出判斷。

　　道心是吾人本有之心，由道心給出的判斷具有客觀妥效性，言妥效，謂
其不拘一時一地而為普世標準；言客觀，點出此種判斷雖然是由我給出，但
它其實超越了個體的性好、直承獨立於個人意識或精神而存在的超越根據而
來。換言之，此種判斷的形式、標準為吾人之心所據有，並且以此給出的一
種道德判斷。然而，我們在開頭的部分曾提到──主體的涵養若要在書冊中
進行，那是否意味著讀書明理這樣一種實踐工夫，是要我們自經典中找尋一
種道德的價值，而有向著外處尋求道理的意思在裡頭？若是如此，朱子之道
德哲學誠然是一種他律道德學，我們若描述其為「由道心給出的判斷」是否
有失恰當？如果有失恰當，那麼朱子所謂的心統性情又當如何理解？而我們
在進行判斷之時，心中所依據的這個道德標準又是由何而來？關於這些問
題，我們仍然需要回到朱子的文獻中進一步釐清：

〔註119〕見黎靖德編：《朱子語類》（北京：中華書局，2004年2月），冊1，卷9，頁
　　　152。

　　讀書以觀聖賢之意；因聖賢之意，以觀自然之理。〔註120〕

朱子認爲讀書的目的在了解聖賢欲於語言文字中表達的道理，而由聖賢表達的道理中進一步掌握「自然之理」，因此讀書不是要我們拘泥於文字筆墨上，所以朱子又說：「學須做自家底看，便見切己。今人讀書，只要科舉用；已及第，則爲雜文用；其高者，則爲古文用，皆做外面看。」〔註121〕讀書若不用於「自然之理」的推究上，反而逕將做爲尋求科舉、文章之事，便是向外頭看。朱子認爲讀書是切己之事，切己則是將學問的重心放在自家身上，也就是把書中道理的考察、體會關聯到參與讀書活動者自身。又文中所謂自然之理，並不是指自然科學的自然規律，倘若朱子所窮之理只是氣化條理，那麼面對朱子上述的切己之說顯然有不相當的解釋，也違反了我們先前多次陳說朱子之理是就形上之理而言的結論。〔註122〕這麼說來，朱子要我們讀書，便是希望我們能從書本中掌握天理，並以天理當就讀書活動得參與者身上去體貼，故朱子說：「讀書須是虛心切己。虛心，方能得聖賢意；切己，則聖賢之言不爲虛說。」〔註123〕以虛心工夫對治氣稟駁雜，使自己能不爲私意干擾地投身於讀書活動中，便能掌握聖賢於書本中所欲傳達的道理；而切己則將自身關聯到聖賢傳達的道理上，故能得知書中所言字字是生命實學，所以朱子說：「看經書與看史書不同：史是皮外物事，沒緊要，可以箚記問人。若是經書有疑，這箇是切己病痛。如人負痛在身，欲斯須忘去而不可得。豈可比之看史，遇有疑則記之紙邪！」〔註124〕讀經的重點在於涵養義理，讀史的重心在實踐判斷；若依照順序來說，涵養是讀書法中最基本且首要的追求。我們又說讀書重在掌握天理，那麼一旦讀經有疑，不僅實踐活動無以爲繼，同時也表示著個體對於天理的掌握有不眞切，我們又知道這種掌握不是知識性

〔註120〕見黎靖德編：《朱子語類》（北京：中華書局，2004 年 2 月），冊 1，卷 10，頁 162。

〔註121〕見黎靖德編：《朱子語類》（北京：中華書局，2004 年 2 月），冊 1，卷 11，頁 182。

〔註122〕若仍要問「自然之理」應做何種解釋，我們或許可以這麼說：依據本節第一部分的討論，朱子此處所謂的「自然」當是指天理自然，換言之，也就是指天理於個體上自然展現的分殊之異，亦即是就事事物物上各有依理而來的自然表現背後的所以然之理。

〔註123〕見黎靖德編：《朱子語類》（北京：中華書局，2004 年 2 月），冊 1，卷 11，頁 179。

〔註124〕見黎靖德編：《朱子語類》（北京：中華書局，2004 年 2 月），冊 1，卷 11，頁 189。

的，而是關切己身的生命實學，故朱子說這是切己病痛，不可輕易放掉。從這點看來，朱子的切己之說除了強調天理必須在具體的道德實踐中被掌握之外，也帶有吾人能夠通過讀書來達到自我反省的味道。

從上段討論看來，朱子通過切己的意思說明了天道的自然之理重在能於我們個體身命中親身體察，此與前述天理並不虛懸，必須即於人事而見的意思相當，也可會通至知行相需的互證循環上說。然而，朱子同時也表示：

> 學者須常存此心，漸將義理只管去灌溉。若卒乍未有進，即且把見成在底道理將去看認。認來認去，更莫放著，便只是自家底。緣這道理不是外來物事，只是自家本來合有底，只是常常要點檢。〔註125〕

朱子認為學者用功只是常存著此心，將義理在此心上灌溉，而這義理卻不是外於我的，而是吾人身上本來具有的。若依此處的意思來看，切己之說便可以有進一步的解釋。因為聖賢所欲傳達的道理如果都是我們本來具備的，那麼我們讀書知理當然不假外求，反而需要在自家身上著實體貼、常常點檢留意。因此我們前述的「自然之理」，似乎便不可以被理解成一種由外鑠我的外加律則，而是一種我固有之的本具之理。所以朱子說：

> 學問，就自家身己上切要處理會方是，那讀書底已是第二義。自家身上道理都具，不曾外面添得來。然聖人教人，須要讀這書時，蓋為自家雖有這道理，須是經歷過，方得。聖人說底，是他曾經歷過來。〔註126〕

道理不是要往外尋求，而只當就自己身上去理會它，蓋因道理都是自己身上本來具有的，不待外頭尋訪、增添得什麼，所以仍要去書中理會自然之理，實際說來亦只是要我們在書本中見得我本來具有的道理，那麼此處所謂我們「本來具有的道理」便可被理解為順自然天理而來的本性，這是對應於朱子性即理的脈絡下所開出的見解，即是朱子所謂：「此心元初自具萬物萬事之理，須是理會得分明。」〔註127〕而性理本為我心具有的意思。然而，何以聖人仍須教人讀書窮理，這是由於聖人欲將己身經歷過的體會，保存於文字上，

〔註125〕見黎靖德編：《朱子語類》（北京：中華書局，2004年2月），冊1，卷9，頁153。

〔註126〕見黎靖德編：《朱子語類》（北京：中華書局，2004年2月），冊1，卷10，頁161。

〔註127〕見黎靖德編：《朱子語類》（北京：中華書局，2004年2月），冊3，卷31，頁790。

以助我們依循理會。這點顯然是依照我們於博學中說聖賢形象是事理通達，並且一心具得眾理，無物不可學、皆應當學的意思來講。與本段引文類似的說法還可以看到下面這則語錄：

> 讀書已是第二義。蓋人生道理合下完具，所以要讀書者，蓋是未曾經歷見許多。聖人是經歷見得許多，所以寫在冊上與人看。而今讀書，只是要見得許多道理。及理會得了，又皆是自家合下元有底，不是外面旋添得來。〔註 128〕

說讀書是第二義，與朱子說：「讀書乃學者第二事。」〔註 129〕一樣，都不是要我們不去讀書，而是強調讀書要能眞切掌握讀書的意義。若問此讀書的意義爲何，則依朱子以經典中承載的聖賢義理都是自家完具的看法，此意義應當是要我們在讀書中見得我本來具有的性理，又此種意思前人多有討論，而有近於唐君毅先生「求諸外而明諸內」〔註 130〕的意思，也就是說：「性理之顯，必待于心之有其所向所知之物而得顯。故即其物以致其知、窮其理，即所以顯吾人之心體中所原具之此理，亦所以顯吾人之性，而使吾人更知此性者。」〔註 131〕至於錢穆先生則是說：「我心與聖賢心本無二致，聖賢之心見於方策，我之讀書正爲由書以求聖賢之心，亦不啻自求我心也」。〔註 132〕總而言之，我們是透過不斷的閱讀、體貼，以在書中涵養、判斷，而恢復我心理貫通之本然。那麼所謂的豁然貫通，若置於讀書法的脈絡中，主觀地說，即是我將發現我在聖賢義理上所求的這個價值根源之理，正是內在於我的這個價值根源之理，非於我生命之外還另存有一個理，故知我生命的價值是由我自行給出，非有待於外，故於此復觀萬物，自然見得事事物物中條理分明、媸妍之異清楚可見。而若客觀地說，在理一分殊的意義下，書中所存的聖賢之理，與我心所知具之性理，本來只是天理之呈顯於萬川之一影，光影受川水限制，似

〔註 128〕見黎靖德編：《朱子語類》（北京：中華書局，2004 年 2 月），冊 1，卷 10，頁 161。

〔註 129〕見黎靖德編：《朱子語類》（北京：中華書局，2004 年 2 月），冊 1，卷 10，頁 161。

〔註 130〕見唐君毅：《中國哲學原論・原教篇》（台北：台灣學生書局，1990 年 9 月），頁 271。

〔註 131〕見唐君毅：《中國哲學原論・原教篇》（台北：台灣學生書局，1990 年 9 月），頁 271。

〔註 132〕見錢穆：《朱子新學案・朱子讀書法上》（台北：三民書局股份有限公司，1971 年），冊 3，頁 615。

乎各有風貌，實際上萬川月影只是一月之呈顯，而當我工夫做足，此心漸次明通於理時，於貫通處亦明物物之理只是一理。

我們順著上述對原文的爬梳，不難見到朱子將道德判斷的價值根源收攝於實踐主體自身的用心，所以門人問讀史，朱子便說：「只是以自家義理斷之。」〔註133〕此處朱子的說法確實可以避免被人視爲在經典中找尋一種道德價值、典範的毛病，而落於向外求理之譏。然而這是否意味著朱子的道德哲學全然擺脫他律道德的問題呢？我們認爲問題的癥結在於朱子所謂的「人生道理合下完具」，是否眞能等同於孟子所說的「仁義禮智，非由外鑠我也，我固有之也」。〔註134〕

引文中謂「人生道理合下完具」，若參照向前「學者喫緊是要理會這一箇心……而無一理之不盡矣。」的引文來看，此處所指當是以心具眾理來說，而心具眾理的意思我們曾在「博學與精熟」的部分討論過，這是以心之能本來貫通地具得此理，而此理本源於天，又天之理無物不有，故我們只要窮理知性，遂能體悟一切道理都在自家身上本來具得，不曾向外邊添來得什麼。朱子這種提法並不同於明儒劉蕺山之言「人心原合天地萬物爲一體，只是有一個把柄纔收攝得來。」〔註135〕的意思，蕺山是以一體之義謂仁者與天地萬物同體，故其謂人心得以收攝天地萬物，是以此心的直通於穆不已的天道，即此心證得超越實體的無限意義，而說吾心與天地萬物同體。此種思路顯然不同於我們先前於各章各節處對朱子的描述，因此朱子雖然也偶有天地萬物爲一體的說詞，〔註136〕但是其一體義卻不能等同於蕺山，如林安卿問朱子「仁者以天地萬物爲一體」之義，朱子便謂：「猶之水然，江河池沼溝渠，皆是此水。如以兩筯盛得水來，不必教去尋討這一筯是那裏酌來，那一筯是那裏酌來。既都是水，便是同體，更何待尋問所從來。如昨夜莊仲說人與萬物均受

〔註133〕見黎靖德編：《朱子語類》（北京：中華書局，2004 年 2 月），冊 1，卷 11，頁 197。

〔註134〕見朱熹 集註：《四書集註・孟子・告子上》（台南：大孚書局，2000 年 2 月），頁 161。

〔註135〕見劉宗周：《劉子全書》（台北：華文書局，影印清道光刊本，1968 年），卷 13。

〔註136〕如《語類》中有云：「……只如楊氏爲我，只知爲我，都不知聖賢以天地萬物爲一體，公其心而無所私底意思了。」（見黎靖德編：《朱子語類》（北京：中華書局，2004 年 2 月），冊 8，卷 140，頁 3339。）

此氣，均得此理，所以皆當愛⋯⋯」〔註137〕這是以江河池沼溝渠所有者皆是水，類比人與萬物均受此氣、均得此性，而謂之一體與同體，此明顯是在「天下無無性之物。蓋有此物，則有此性；無此物，則無此性。」〔註138〕的存有論立場下，將本性之道德義混雜了存在之存在性，並依理一分殊的架構而說的一體，非真能謂天下之理皆收攝於吾心，此處已然明顯分判朱子系統與孟子系統的區別。因此，當我們見到朱子說「人生道理合下完具」時，其所謂的「完具」顯然不得依孟學的「我固有之」來理解之，又此完具者雖是指吾人之性，但是心與性之具說到至極處，也只能是貫通的「具」，無阻隔的「具」。縱使可通過讀書、格物的工夫以求之於外，所明之於內者實際上只及於心、性的明通無礙，由此看來我們亦不能順著前面唐君毅先生所述的「明諸內」，而視朱子之工夫為一復性、逆覺的工夫，在此我們自然也不能說朱子之心與性便有相同的內容，而非若程明道所謂「只心便是天，盡之便知性」〔註139〕的心性天為一。又若換一個方式來說，朱子的心具性、具眾理之所以只能如此規定，歸根究柢，則源於其心理（性）二分，性理只存有不活動的結構下，蓋因心不即是性理，在性與理的活動義脫落下，心只能由其側重氣之一面上說其實現原則，故謂之心統性情，而難由此實現原則說至神體神用的本體，只是這種說法本非朱子對人天詮釋採取的方向，故亦不為朱子所喜，這點我們由其批評明道渾淪、象山為禪的指摘上，已可窺知一二。

　　既然心不即是性理，心具性、具眾理的關係也不能說為本具，則朱子所謂性理本具之說，在此系統之分判下亦只能是虛說，也就是說在朱子的學說中，所謂心之具理的講法只能是合理與氣而言心與心理貫通的意思，而不能將他設想為如同孟子一般的心性理為一的意義。然而這是否意味著朱子的道德哲學便屬於他律系統呢？以朱子之哲學為他律的道德哲學，是牟宗三先生消化先秦孔孟思想，進而反省宋明儒者系統後，對於朱子學的重要分判，所謂「別子為宗」〔註140〕的說法亦可匯歸於此。又因牟宗三先生本有深厚的西

〔註137〕見黎靖德編：《朱子語類》（北京：中華書局，2004 年 2 月），冊 3，卷 33，頁 852。
〔註138〕見黎靖德編：《朱子語類》（北京：中華書局，2004 年 2 月），冊 1，卷 4，頁 56。
〔註139〕見程顥，程頤：《河南程氏遺書》，《二程集》（北京：中華書局，1981 年 7 月），卷 2 上，頁 15。
〔註140〕見牟宗三：《中國哲學十九講》（台北：台灣學生書局，1983 年 10 月），頁 415。

方哲學素養，尤精於康德哲學，且自律與他律的概念又本爲康德哲學獨到的重要見解，故後學評論牟宗三先生鼇定朱子爲他律道德系統一事時，每多以康德學與朱子學做比較。但是，縱使牟宗三先生論及中國哲學，多有以西方哲學架構與中國哲學做爲對照、觀察，然而牟宗三先生之論自律意義是否同於康德之自律意義，兩造對自律義之肯定是否相仿，其實仍然值得我們仔細思考。牟宗三先生嘗評論康德的意志自律的問題，而謂：「自律道德不但是空立一個道德法則即能成其爲自律，而且必須能自願地體現之，方眞能極成其爲自律，否則自律道德只是一個空名，從未實現，而且亦永不能實現。康德只講自律，而不能講自願，甚爲可惜。」〔註 141〕觀此，則牟宗三先生意下之自律道德若較之康德的自律道德實更爲嚴格。因此，此處吾人將自律與他律的討論範圍於牟宗三先生的界定中，若論朱子學之自律、他律與康德學之比較，則應當視爲另一討論，相關論述將見於下一章第三節有關道德情感的探討。以下見牟宗三先生對朱子的分判：

> 而朱子必厭此逆覺，必欲以存有論的解析與格物窮理之方式倒轉而平置之，順取而橫攝之，何也？在順取之路中，所謂「我固有之」，所謂不待外求，皆只成口頭滑過，依附著隨便說說而已，實則皆待外求，而固有之者亦被推置于外。〔註 142〕

牟宗三先生以爲朱子在心性論的關係中，心對於性是認知意義的當具，而非逆覺體證的本具義，故說「固有之者亦被推置于外」；又因以朱子本性之活動義全然脫落，故「實踐之動力則在心氣之陰陽動靜上之涵養與識察，此即形成實踐動力中心之轉移，即由性體轉移至對於心氣之涵養以及由心氣而發之察識（格物窮理以致知），而性理自身是無能爲力的，只是擺在那裡以爲心氣所依照之標準，此即爲性體道德性道德力之減殺……」〔註 143〕因此牟宗三先生之判朱子爲他律的道德哲學。我們認爲，若依據心是理與氣之合的意思來設想時，心與性理或許不至於被簡化爲單純認識論意義的一種關聯，關於這點我們在本節討論讀書各項要點中已多次說明其心性涵養的意義。同時，在

〔註 141〕見牟宗三譯註：《實踐理性批判》，《康德的道德哲學》（台北：台灣學生書局，2000 年 5 月再版 4 刷），頁 285。

〔註 142〕見牟宗三：《心體與性體》（台北：正中圖書股份有限公司，2005 年 3 月），冊 3，頁 480。

〔註 143〕見牟宗三：《心體與性體》（台北：正中圖書股份有限公司，2005 年 3 月），冊 3，頁 478。

心理為二又本來貫通的意義下，朱子之心性論雖然並非孟子本心即性的結構，但其心之與性恐怕也不便只是被視為一種認識論意義的結構，因為心之知理縱然不是逆覺自證的，但心之以性為實踐的根據，亦不能被視為性理以外於吾人主體而對吾人施加壓力的一種關係，我們若就人心之陷溺於習氣，則心之所欲有不從性理而來時，故可權做心與性理對立而觀，然則於道心之時，心之所思只從性理而來，發而中節，此時道德價值是（性理）即於我心而得實現，心與理是貫通無隔的，則牟宗三先生對於朱子之心與性的割截似乎顯得太開。然而，我們的意思並非說朱子的道德學在此等理解下，已然避開了他律的問題，我們若回到上述牟宗三先生就朱子哲學的論述中，則自律道德與他律道德的釐定，在此當有兩層思考：首先，是心與性與理是否為一？再者，性是否能有實踐動力？若這兩個問題的答案都是否定的，則朱子學便為一種他律的道德哲學。以心理為二的論述來看，其實也就是分隔了道德原則與實現主體的問題，因此，朱子的貫通義雖然可以將二者串連起來，但其解釋效力僅限於說明豁然貫通的工夫的可能性，以及道心之據理而發為情用的理據。因此，心理貫通的意義並不代表心理為二架構的解消，換言之，道德原則與實現主體仍是被切割的，道德法則本身缺乏實現的能力，實踐的主體本身又不是道德的立法者，主體只能是實現的，而不是道德的，朱子之心遂不足以承擔道德主體的地位，而落於牟宗三先生所界定的自律意義之外了。

第三節　德性涵養與認知活動

在本章中，我們試著描述朱子在讀書法上呈現於我們的輪廓與具體的實踐步驟，我們通過三個部份，以博學、精熟、虛心、讀書次第還有切己作為中心，將圍繞或牽連於此的十二項與讀書法有關的議題進行說明。在說明的過程安排上，我們依循兩個主要的方向來討論讀書法，我們由較具體的操作開始，漸次向內收束，以邁向理論的觀點。

而在前一節的討論中，我們有時會稱朱子提出的讀書法的細部項目為一種「操作」，我們使用這個字眼有兩重意思，首先「操作」一詞意即按一定之步驟、程序進行活動，這裡可以凸顯朱子在讀書法的細部安排上能呈現出條理分明、循序漸進的樣貌，這一點我們可以通過上節的討論而有清楚的感受。再者，「操作」是較中性意義的用詞，這可以呼應讀書法之做為一種方法的內

涵，對於「方法」一詞，林維杰先生在討論朱子讀書法時，曾綜合勞思光先生與高達美對於「方法」的解釋，而下過如下定義：

> 方法注重操作性與抽象性，人文科學的素材（例如被理解的文本）在這種意義下乃成為可控制的對象，從而拉開與理解者的距離而靜寂漠然成某種抽象物。而此操作所帶來的抽象性，即表現在方法之作為跟隨或遵循之道，而取消了個體性與偶然性。〔註144〕

此種對於方法的定義正好可以呼應我們一再強調，朱子在工夫論的設計中，時常帶有減少成德路上有關主觀悟性成分涉入的用心。因此，讀書法在朱子的修養工夫中，便帶有一種可操作的程序的味道，這樣的修養方式，讓工夫更有操作的可能性，這可能性不是對於邏輯意義上的，而是就實踐上的脈絡分明而言。因此，初見宋明理學者，往往容易被朱子的工夫吸引，認為它們較陸王心學工夫易學易行，它所呈現的方式顯然不同於陸王一系著重在即本體說工夫，將工夫與本體緊密的扣合，此即上面引文中所謂「拉開與理解者的距離而靜寂漠然成某種抽象物」的意思。而對於此句，林維杰先生自己也有進一步的說明，他表示：「在經典的理解過程中，認識的方法與修養的技術不再分屬於楚河漢界的兩個領域，而是同一整體中不可分割的部份，而整體的立足點，即是朱熹經典詮釋的最終目的——識得自家身上的道理。」〔註145〕對林維杰先生而言，因為朱子的讀書法以「識得自家身上的道理」作為詮釋過程的最終目的，因此認識方法與修養技術，可以在此一點上成為不可分的整體。若依我們上節的討論，認知本來即是讀書活動中不可切割，也毋須切割的一個部份，因此，我們的探討不在否認朱子的讀書法亦有重見聞之知，只是讀書並不能只停滯於知識性的認知活動上。朱子曾說：

> 「格物」二字最好。物，謂事物也。須窮極事物之理到盡處，便有一箇是，一箇非，是底便行，非底便不行。凡自家身心上，皆須體驗得一箇是非。若講論文字，應接事物，各各體驗，漸漸推廣，地步自然寬闊。如曾子三省，只管如此體驗去。〔註146〕

〔註144〕見林維杰：〈朱子〈讀書法〉中的詮釋學意涵〉，《理解、詮釋與儒家傳統：理論篇》（台北：中央研究院中國文哲研究所，2007年12月），頁144。

〔註145〕見林維杰：〈朱子〈讀書法〉中的詮釋學意涵〉，《理解、詮釋與儒家傳統：理論篇》（台北：中央研究院中國文哲研究所，2007年12月），頁145。

〔註146〕見黎靖德編：《朱子語類》（北京：中華書局，2004年2月），冊1，卷15，頁284。

「格物」是由事事物物上去格其所是、見其所非。若由朱子說「是底便行，非底便不行」以及末尾之引曾子三省吾身爲喻，這裡的是與非顯然無關乎知識論上的對與錯，而如同上一節第三部份所說的讀史一事，皆當有其道德判斷，因此舉凡「講論文字，應接事物」在朱子看來原非單純地知性認知，我們對於朱子讀書法的理解自然也不能因著現代哲學範疇的劃分，後設的、如同格義一般地將之簡化成認知活動。因而其讀書法的操作必然要求要達到道德意義的契會，由「自家身心上」去「體驗得一箇是非」，以成爲一種生命的實學，也唯有在這個層次中，我們才能說讀書是切己的事，而不至於背離原本德性涵養的意義。在這樣的過程中，認知活動與主體修養是同步進行的，唯在方向上，我們仍應以道德生命的涵養爲主。

第四章　讀書法與工夫實踐的結合

　　通過對讀書法的認識，我們把焦點重新拉回到讀書法與格物致知的關係上，進而檢視讀書法對於朱子修養工夫的應用，而以之作爲本章討論朱子工夫論的基礎。同時爲了完善我們對朱子道德哲學基礎的討論，以及讀書法如何可能作爲一種修養工夫的問題，在本章的最後兩節中，我們經由朱子論「敬」問題的，來分析心性情三分的架構下，朱子對於道德實踐如何可能 —— 也就是道德動力根源的解釋。這將有益於我們明瞭伊川、朱子與陸王各自對修養工夫取法不同的緣由，也可進而判斷朱子在自律、他律道德系統分判中所處的位置。

第一節　讀書法與工夫實踐

　　在第二章的第三節中，我們談到了理與氣合而有心之名義，並綜合心與理之本來貫通的意思，將朱子論心的這層架構來說明超越道德如何落實於實踐之中，同時涉及吾人如何由實踐中經由分殊之理掌握形上道理的可能。而這一點在上一章第二節的有關虛心的討論中，我們也以之說明讀書法得以成立的根據。並經由第二節的最後一個部份 —— 有關切己的問題的討論處，談到我們如何認識道德，還有道德對於實踐主體的關係，指出朱子的道德學是否能夠在義理自家本來具有的立場下，免除牟宗三先生指其爲他律道德的分判。在這些過程裡，我們主要通過原典的爬梳，分析了理氣論與心性論在讀書法上展現的意義與影響，並指出讀書法對此哲學架構的可能回應。

可是上述的討論關於讀書法何以可能作為一種修養工夫的問題，並未獲得一個完整的解答，我們認為我們的解答僅涉及其中的基礎部份。換個方式來說，我們若將這些問題放置於倫理學中，我們討論到的，其實可以視為在朱子哲學中對於人何以須盡到道德責任，以及道德的根基在何處的一種回應。倘若我們思考的是類似於孔孟思想所呈現的自律道德系統，那問題的討論於此尚可告一段落，因為當我們探討工夫論的問題時，首先必須面對的便是尋找道德實踐所以可能的根據何在，而工夫的意義即在於呈現或體證這樣的一個本體，因此若就孟子以至象山以來的心學傳統看來，分析討論至所以可能的本體與實現根據時，已然對工夫的可能性做出一定程度的回覆，因為在自律系統中，我的意志本身即是道德法則，換言之，我的心即是理，我心的活動即是道德活動，同時即是於穆不已的天命流行，這是在自證本心的同時便證得本體的定然存在。也就是劉蕺山所謂：「大抵學者肯用工夫處即是本體流露處，其善用工夫處，即是本體正當處。非工夫之外，別有本體。」〔註 1〕因此一說本體便是工夫，即工夫處便見本體之流行。可是在他律的道德系統中，若僅有根據的提供，其實並不足以視為吾人能夠實踐道德的理由。就朱子的系統而言，因為朱子的形上之理本身並不存在實現原則，實現的流行乃在氣中見，這麼說來，實踐的主體與超越的根據本身於系統中是處於一個二分的狀態，縱然二者不雜亦不離，是本來貫通，但在理體本身活動義的脫落下，吾人亦無法僅憑性理的推究，便能說明吾人何以能行得仁義。所以我們除了追溯道德的根據之外，仍然應當進一步思考引發吾人實踐的動力來源問題。若依上述的討論，這份實踐動力應處於道德原則之外，因此本章我們將以對工夫的實踐的討論作為切入點，來逐步觀察在朱子的哲學系統，是否能夠對此動力問題提出妥效的解答，而來源又在何處。

而在朱子的工夫論中，格物致知正是朱子以為成聖的不二法門。我們知道在朱子的認知中，讀書法是屬於道德修養的一部分，同時在讀史判斷下，本身也是通向外王的一種實踐方式，因此，讀書不僅與希聖工夫密不可分，讀書本身即是工夫。我們若透過這個角度來思考，讀書法與格物致知在目的上明顯有著同以成聖一事為終點的鵠的，可說有相同歸宿。此外，我們在上一章中也曾提到：在《近思錄·致知》一卷中，除了為首的二十二條在論述格物致知的道理外，其於五十六條多是關於讀書方法的討論，由此比重與讀書、格物致知的

〔註 1〕 見黃宗羲：《明儒學案·蕺山學案》（下冊）（北京：中華書局，1986 年 10 月），卷 62，頁 1559。

並列安置來推想，朱子有以讀書法做爲格物致知操作的意圖是很明顯的，所以當門人請問格物致知的要法時，朱子便曾以讀書相告。〔註2〕因此，本章第二節中，我們將接承上一章中對讀書法的理解，邁向格物致知的討論。

我們曾說陸象山亦不廢讀書，不能簡單的以讀書、不讀書來區別朱陸異同。若觀象山語錄，份量雖然及不上朱子，但同樣可見象山講論讀書方法的文字，如：「先生云：『學者讀書，先於易曉處沉涵熟復，切己致思，則他難曉者渙然冰釋矣。若先看難曉處，終不能達。』舉一學者詩云：『讀書切戒在慌忙，涵泳功夫興味長。未曉莫妨權放過，切身需要急思量。自家主宰常精健，逐外精神徒損傷。寄語同遊二三子，莫將言語壞天常。』」〔註3〕則經典閱讀於象山處，亦可是涵養的工夫，因此我們或許不能只由象山「六經註我，我註六經」〔註4〕之語，便說象山不讀書，此理唐君毅先生說得透徹：「此非謂其不讀六經，唯是謂讀六經之時，即以其自心之德性工夫，印證六經之所說；亦以六經之所說者，培養浸灌其心，而使其心與六經，互相發明，即互相注釋也。」〔註5〕此種互相發明，顯然不同於我們前章所謂互證循環的意思，象山之學仍是以心爲本，故又云：「學苟知本，六經皆我註腳。」〔註6〕既然六經對於我的幫助乃是一種義理的互相發明，學者仍當就知本爲先，故說象山之讀書只爲成聖之輔助，而非成聖之必要工夫。蓋本心、性體、天理通貫無隔，只要一念自反，當下本心、性體便得朗現，生命的一切活動也由此成爲道德實踐，故說「知非則本心即復」。〔註7〕然而，讀書就朱子而言，則是知理的必要條件。蓋由於朱子對於心之理解本不同於象山，朱子之心既非象山可以當下自覺、自證的本心，即無法直截地以盡心求知性，遂亦不能全憑己心而升起道德實踐的動力，是故在朱子的論心的系統裡，自然不可缺少此一讀書窮理的工夫。既然如此，那麼關於使心知理的動力問題，或者便可順著讀書窮理的工夫來探尋。

〔註2〕 《語類》：「問《大學》致知、格物之方。曰：『程子與門人言亦不同：或告之讀書窮理，或告之就事物上體察。』」見黎靖德編：《朱子語類》（北京：中華書局，2004年2月），冊2，卷18，頁406。

〔註3〕 見陸九淵著：《陸九淵集》（北京：中華書局，1980年1月），卷34，頁408。

〔註4〕 見陸九淵著：《陸九淵集》（北京：中華書局，1980年1月），卷34，頁399。

〔註5〕 見唐君毅：《中國哲學原論·原教篇》（台北：台灣學生書局，1990年9月），頁237

〔註6〕 見陸九淵著：《陸九淵集》（北京：中華書局，1980年1月），卷34，頁395。

〔註7〕 見陸九淵著：《陸九淵集》（北京：中華書局，1980年1月），卷35，頁454。

第二節　從讀書法的理解見格物致知的涵義

朱子順承伊川對於格物致知的重視，進一步將其發揚光大。朱子對於格物致知之說有過許多討論，最重要的仍屬朱子修訂《大學》章句，並做補傳以明《大學》格物致知意義的〈格物補傳〉一文：

> 所謂致知在格物者，言欲致吾之知，在即物而窮其理也。蓋人心之靈，莫不有知，天下之物，莫不有理，惟於理有未窮，故其知有不盡也。是以大學始教，必使學者即凡天下之物，莫不因其已知之理而益窮之，以求至乎其極。至於用力之久，而一旦豁然貫通焉，則眾物之表裏精粗無不到，而吾心之全體大用無不明矣。此謂物格，此謂知之至也。〔註8〕

朱子因著《大學》所謂「致知在格物」〔註9〕的說法，指出欲致吾人之知，則必須即物以窮理。朱子以為天下之物，皆有理在其中，故所窮者必須及於天下所有之物，此意同於讀書法中對博學要求的思維。蓋於讀書法中，朱子以心中所具之性理本是溯源於天，因此客觀地說，只要知得天理，則必然不會遺漏一物一事，此是因為天理本無遺漏於任何一事一物，因此，反過來說，吾人亦必須於事事物物上窮極我心至極大量，以能推擴吾人之知無所不明地全然朗現，也在此時方達至豁然貫通，並且眾物表裏精粗無不到的生命境界。由此看來，格物與致知其實都是以道理的掌握為目標，所以朱子說：「格物者，窮事事物物之理；致知者，知事事物物之理。」〔註10〕又朱子嘗訓「格」為「至」，認為是「至於善」〔註11〕的意思，那麼「格物」當可被解釋為至於物之善。若以「至於善」來說物之「格」，則格物一事就應當帶有價值判斷在內，它是一種倫理學上的價值的行為，而非單純的認識論意義的操作，這與讀書的重心在於心性修養，而不是知識積累一脈相承。所以朱子說：「所謂格物，

〔註8〕 見朱熹集註：《四書集註‧大學》（台南：大孚書局，2000 年 2 月），頁 6。

〔註9〕 經文曰：「古之欲明明德於天下者，先治其國；欲治其國者，先齊其家；欲齊其家者，先修其身；欲修其身者，先正其心；欲正其心者，先誠其意；欲誠其意者，先致其知，致知在格物。」見朱熹集註：《四書集註‧大學》（台南：大孚書局，2000 年 2 月），頁 1～2。

〔註10〕 見黎靖德編：《朱子語類》（北京：中華書局，2004 年 2 月），冊 1，卷 15，頁 305。

〔註11〕 朱子謂：「格者，至於善也。如『格于文祖』，『格于上下』，與夫『格物』，格者，皆至也。」見黎靖德編：《朱子語類》（北京：中華書局，2004 年 2 月），冊 2，卷 23，頁 548。

只是眼前處置事物，酌其輕重，究極其當處，便是，亦安用存神索至！只如吾胸中所見，一物有十分道理，若只見三二分，便是見不盡。須是推來推去，要見盡十分，方是格物。」〔註12〕格物是講究物之道理，物有一分道理便需見得一分，物有十分道理便需見出十分，有一理不盡即是物之未格，理之未明；而引文開頭又說格物是就眼前事物「酌其輕重，究極其當處」，此則類似讀書法之讀史判斷的意義，讀書法言讀史之判斷是要於史事中見得治亂興衰的軌則與人倫道德的常理，而格物之至於善，同樣含有要在事事物物中藉著「輕重」、「當處」的判斷，來見出道德之理的意思。關於此義，我們還可以見到下面的引文：

> 問：「知如何致？物如何格？」曰：「『孩提之童，莫不知愛其親；及其長也，莫不知敬其兄。』人皆有是知，而不能極盡其知者，人欲害之也。故學者必須先克人欲以致其知，則無不明矣。『致』字，如推開去。譬如暗室中見些子明處，便尋從此明處去。忽然出到外面，見得大小大明。人之致知，亦如此也。格物是『爲人君止於仁，爲人臣止於敬』之類。事事物物，各在箇至極之處。所謂『止』者，即至極之處也。然須是極盡其理，方是可止之地。若得八分，猶有二分未盡，也不是。須是極盡，方得。」又曰：「知在我，理在物。」

門人問朱子格物致知的意思，朱子表示，凡人皆有知，猶如孩童都知道要愛其親長，那麼何以吾人仍然需要做格致的工夫？朱子認爲這是由於人生而有欲，在人欲的長期影響下，心便不能盡其知、不能得其靈，故學者必須要在此處下工夫，努力擺脫人欲的夾雜、干擾，而使心知之致。如此致知，便是讓心能恢復本來的面貌，換言之，也就是本來貫通、能知理而行的狀態。朱子譬喻此種情況說：這由如在自暗室之中，循著門戶亮光而步出戶外的一個過程。人之處於暗室中，如心知之隨物流轉，通過格物致知的努力，便是依循亮光，逐步向性理走去，那麼到了戶外的意思，大約就是就掌握性理來說，此時吾人之心知行由理，應對事物自然無一不明。至於引文結尾說「知在我，理在物」若依〈格物補傳〉中「蓋人心之靈，莫不有知，天下之物，莫不有理」一義來理解。則知當是指心之知，理當是指物之理，故說知是在我，理是在物。這麼說來朱子的格物致知便是以吾人之心來知外物之理，因此工夫

〔註12〕見黎靖德編：《朱子語類》（北京：中華書局，2004年2月），冊1，卷15，頁294。

的重點便是落在心與理的問題上，故唐君毅先生曾指出朱子於《大學》文中，以物謂事，〔註13〕而說：「朱子講格物不直對物講，而冒過物字，而以物知『理』為所對之故。」〔註14〕故朱子所謂格物是「『為人君止於仁，為人臣止於敬』之類」的講法，並不是要我們採取知識性地分析君臣間的政治學關係，而是要我們能夠從君臣之事中，見得為君之仁與為臣之敬，此仁與敬本來俱是事中之理，也才是朱子格物教法的真正對象。又朱子既然以仁、敬為對象，則事中之理便為心之所對，如此一來朱子的格物致知顯然不同於孟子盡心知性的修養工夫。我們看門人問朱子：「『明明德』，是於靜中本心發見，學者因其發見處從而窮究之否？」朱子說：

> 不特是靜，雖動中亦發見。孟子將孺子將入井處來明這道理。蓋赤
> 子入井，人所共見，能於此發端處推明，便是明。蓋人心至靈，有
> 什麼事不知，有什麼事不曉，有什麼道理不具在這裏。何緣有不明？
> 為是氣稟之偏，又為物欲所亂。如目之於色，耳之於聲，口之於味，
> 鼻之於臭，四肢之於安佚，所以不明。然而其德本是至明物事，終
> 是遮不得，必有時發見。便教至惡之人，亦時乎有善念之發。學者
> 便當因其明處下工夫，一向明將去。致知、格物，皆是事也。……
> 孟子發明赤子入井。蓋赤子入井出於倉猝，人都主張不得，見之者
> 莫不有怵惕惻隱之心。〔註15〕

朱子雖然透過孟子孺子入井的比喻，來闡述明明德是靜中事、亦是動中事，同時在說明上也有相類於孟子系統的「其德本是至明物事，終是遮不得，必有時發見」等語言，彷彿亦有本心求之則存的意思。可是，朱子既然以格物致知是在事中求理的工夫，我們便不能將它解釋為孟子惻隱之心的意義。孟子雖然未曾論及格物致知，我們無從比較其說與朱子格物觀之差異，但若以順承孟子本心、良知系統的王陽明而言，卻也不必然走向朱子即事窮理的脈絡。簡單地說，陽明雖然同樣以物為事，復以事為意之所發，〔註16〕但發展

〔註13〕見唐君毅：《中國哲學原論・導論篇》（台北：台灣學生書局，1986年9月），頁322。

〔註14〕見唐君毅：《中國哲學原論・導論篇》（台北：台灣學生書局，1986年9月），頁323。

〔註15〕見黎靖德編：《朱子語類》（北京：中華書局，2004年2月），冊1，卷14，頁263～264。

〔註16〕陽明謂：「物者，事也。凡意之所發，必有其事；意所在之事，謂之物。格者，正也；正其不正，以歸於正之謂也。」見王守仁：〈大學問〉，《王陽明全集》

出來的詮釋卻全然異於朱子，陽明謂：「若鄙人所謂致知格物者，致吾心之良知于事事物物也。吾心之良知，即所謂天理也。致吾心之良知天理于事事物物，則事事物物皆得其理矣。致吾心之良知者，致知也；事事物物得其理者，格物也；是合心與理而爲一也。」〔註17〕既然以物爲事，而事又是意之所發，如此一來，陽明所謂的使「事事物物皆得其理」的格正工夫，實際上便是收束於意上做，格物便不是往外尋求性理的動作。因此，如果我們參考陽明的四句教—無善無惡心之體，有善有惡意之動，知善知惡是良知，爲善去惡是格物。—〔註18〕的說法來解釋上方的引文，也就能清楚知道那有能力針對有善有惡之意做出照察的，應當是吾人知善知惡的良知本心。所以，陽明的格物致知，即是通過良心的主動發用，在意上給出道德判斷，以令事事物物皆能得其理，因此唐君毅先生評論陽明格物說：「實以致『知善知惡，好善惡惡』之知，至於眞切處，即意誠，意誠然後方得爲知之致。」〔註19〕而這顯然也不同於朱子即事窮理的思路。我們回到上述的獨立引文中，依照朱子的想法，我們通過格物致知的工夫是要逐步擺脫「氣稟之偏」與「物欲所亂」，以令心理通明。因此，朱子說心「有什麼道理不具在這裏。何緣有不明？」是謂心包著性理時，一切義理皆在心中，無所遺漏，而接著所以有「何緣不明」的反問句，卻並非說性理本身自明，因爲若性理自明，則不合朱子理不活動而「靈處只是心，不是性。性只是理。」〔註20〕的說詞，那麼此處「何緣不明」的反詰又該如何理解？我們以爲此句與「其德本是至明物事，終是遮不得，必有時發見」同樣是就心與理之貫通義的呈顯上說。換言之，朱子所謂的「明」，是指心與理的本來貫通，而若心與理貫通，不受氣稟、物欲的干涉，則心純從理爲道心，因知覺從理，那麼此時方能有「明」之可言，所以，「明」不能單獨地說成是性之「自明」，要講明此意，我們可以看到朱子有關性理與氣的一段敘述：

（上海：上海古籍出版社，1992 年 12 月），卷 26，頁 972。

〔註17〕見王守仁：〈語錄二〉，《王陽明全集》（上海：上海古籍出版社，1992 年 12 月），卷 2，頁 45。

〔註18〕見王守仁：〈年譜三〉，《王陽明全集》（上海：上海古籍出版社，1992 年 12 月），卷 35，頁 1307。

〔註19〕見唐君毅：《中國哲學原論·導論篇》（台北：台灣學生書局，1986 年 9 月），頁 313。

〔註20〕見黎靖德編：《朱子語類》（北京：中華書局，2004 年 2 月），冊 1，卷 5，頁 85。

> 既有天命，須是有此氣，方能承當得此理。若無此氣，則此理如何
> 頓放！天命之性，本未嘗偏。但氣質所稟，卻有偏處，氣有昏明厚
> 薄之不同。……且如言光：必有鏡，然後有光；必有水，然後有光。
> 光便是性，鏡水便是氣質。若無鏡與水，則光亦散矣。〔註21〕

引文中朱子先言理氣之不離不雜，以爲有是理便有是氣，無是氣則亦無理可
言。接著又說繼承天命而來的本性，原來是無所偏的，今日或以爲有所偏，
其實是因爲受阻於氣稟的昏明厚薄，故有不同的表現。其後便以性爲光，水、
鏡爲氣質，舉例言理氣關係：光必因著水與鏡而有表現，若失卻了水與鏡，
則光亦無處可顯，所以，心性本身雖然爲二，但本性的表現實有賴於心。我
們由心與理之貫通義來說「明」，而不以性之自明而來解釋「明」，除了考量
性理本身不活動的基本設定外，也在顧及此意。例如朱子在解釋《大學》首
章「明明德」時，便說到：「明德者，人之所得乎天，而虛靈不昧，以具眾理
而應萬事者也。」〔註22〕以明德者是得之於天，則明德似是指性而言，可是
朱子又緊接著說其「虛靈不昧，以具眾理而應萬事者」，此處顯然又是就心來
說。我們如果能夠順著朱子合理與氣言心的意思，與前段所述的心性不離不
雜、本來貫通的思考，那麼或許便能體會朱子此處解說「明德」何以又是指
性、又是言心。因此，朱子說「其德本是至明物事」，當是以性德於心之呈顯
是本來是自明的（即本來貫通的），唯因一時受氣所阻故有不能明，所以在本
句之前，朱子便有「四肢之於安佚，所以不明」之語。生命本來存在於現實
世界中，無時無刻不有事物交引、欲念交雜，心與理原初的通明狀態難免會
遭受阻礙，遂由道心墮落而爲人心，然而我們在第二章第三節論及人心、道
心時曾說人心、道心只是一心，心之知覺本皆是從理而來，只是一時受氣稟
駁雜影響而爲人心，我們不能以此便說道心已然不存，也只有依據此種思路，
朱子才能說「便教至惡之人，亦時乎有善念之發」的可能。因此朱子強調我
們必須於此「善念之發」時積極參與，直向這心理通明處把握、下工夫，而
「致知、格物，皆是事也」。此外，在引文的結尾處，朱子又有以怵惕惻隱之

〔註21〕見黎靖德編：《朱子語類》（北京：中華書局，2004 年 2 月），冊 1，卷 4，頁
64～65。

〔註22〕原句上下文爲：「明德者，人之所得乎天，而虛靈不昧，以具眾理而應萬事者
也。但爲氣稟所拘，人欲所蔽，則有時而昏，然其本體之明，則未嘗息者。
故學者當因其所發而遂明之，以復其初也。」見朱熹集註：《四書集註·大學》
（台南：大孚書局，2000 年 2 月），頁 1。

心是緣事倉促而顯的說法，這也能說明我們的觀點。朱子認爲倉促時「人都主張不得」，此中的意思頗近於我們在上章虛心處的討論，蓋讀書不能夾雜己見，朱子認爲只有如此才能見出書本中道理。倉促時，由於事物突然發生，人心不及臆度，故心之知覺純然依理，一時間能擺脫私意介入，而心理之間只是本來貫通的面貌，因此性德自然比較能夠及時地通過心與情表現出來，所以能「見之者莫不有怵惕惻隱之心」，縱使至惡之人亦不能無此善念之發。

順著這樣的理解，朱子對於吾人所以有見「赤子入井」而引發的「怵惕惻隱之心」，也就有了不同於孟子良知萌發的詮釋。就朱子的系統而言：「惻隱是情，其理則謂之仁。」〔註23〕因此「怵惕惻隱」在朱子的哲學中乃是一種情感，不能直接歸屬於本心、性體的作用，只能是心依理而有的展現。這麼說來，「怵惕惻隱之心」乃是我們在事上磨練，以此在心知理時得到的一種相應表現。那麼我們前述朱子的格物工夫有藉著「輕重」、「當處」的判斷，體現道德價值，以此至於物之善的意思，也就能夠具體的解釋爲及於人倫事項上應有適切的理解與回應的一種要求，而此種理解也能呼應我們在讀書法中，論及博學與聖賢形象的關係時，指出朱子重視完人能對具體事物恰當反應的觀點。所以謝大寧先生說朱子的格物：「真正要格之事，重點只是在『順』字上，這『順』之理也才是他真正所要致的知，『見生不忍見死，聞聲不忍食肉』這『不忍』也是他所要致的知，這道理和『孩提之童知愛其親』是一貫的。重點在愛、不忍、順這些倫理性的實踐綱領上。」〔註24〕謝大寧先生此處所言的「順」，意思並不同於牟宗三先生所言的「順取的工夫」之「順」，雖然二者並不相違，但牟宗三先生強調的是朱子重在積學力久，而欲以此通徹天理的工夫有異於孟子一脈之此心當下反而覺識、體證本心、天理的「逆覺」義，〔註25〕故將朱子工夫名之爲「順取」。〔註26〕此處指的是當我們的心對於性理有真切掌握時，便能於現實世界的具體事件中，有適當反應，舉例來說，當我們見到一個活潑的生命時，吾人之心便能於此活潑之生命見出性

〔註23〕 見黎靖德編：《朱子語類》（北京：中華書局，2004 年 2 月），冊 2，卷 20，頁465。

〔註24〕 見謝大寧：〈「詮釋」與「推證」——朱子格物說的再檢討〉，《中正大學中文學術年刊》期 6（嘉義：中正大學中國文學系，2004 年 12 月），頁 6。

〔註25〕 見牟宗三：《心體與性體》（台北：正中圖書股份有限公司，2006 年 3 月），冊2，頁 476。

〔註26〕 有關「順取」一義，可參考牟宗三：《中國哲學十九講》（台北：台灣學生書局，1983 年 10 月），頁 395～396。

理之仁，因而心中便能依此仁理，而產生不忍其死之情。所以，若從表面看，格物致知的教法乃是要求我們於事事物物上做出道德判斷，如於臣之事上見得敬；就裏部說，則是要在心上能知得敬。此即朱子所謂的：

> 格物，是物物上窮其至理；致知，是吾心無所不知。格物，是零細說；致知，是全體說。〔註27〕

> 致知、格物，只是一事，非是今日格物，明日又致知。格物，以理言也；致知，以心言也。〔註28〕

格物致知就工夫的著眼處來看，二者似乎各有不同取向，猶如我們說表面與裏部時以見得敬與知得敬來加以展示說明。而我們說格物是重在掌握事事物物上的事情之理，而致知則是以推擴此心於理上之無所不明；因而又說講格物時，重點在理上，講致知時，重點便在心上。此外又有以零細形容格物，以全體說致知的工夫描述，這應當是將目光的焦點，在格物的工夫需就一事一物上詳加窮究，反觀致知則在心之知理達至全體無一隱蔽處，方為知之致的緣故。如此想來格物致知似乎有所分別，那麼所謂的「致知、格物，只是一事」又當作何理解？我們以為此當就工夫落實處的進行來講。於吾人實踐時，本來只一物格，便是知致，故朱子解大學「致知在格物」一句時，便以：「格物所以致知，物才格，則知已至，故云在，更無次第也。」〔註29〕文中以格物致知「無次第」可分，不得說先格物、後言致知，即以格物致知不必割截為二，視作兩種意義的工夫，因此朱子又說：「《大學》自致知以至平天下，許多事雖是節次如此，須要一齊理會。不是說物格後方去致知」〔註30〕此句仍是在工夫落實處的脈絡下說，因此強調格物與致知於實踐處不須理會先後，「非是今日格物，明日又致知」，在修養的過程中，心知對於理的掌握本來就伴隨著格物活動中即事窮理而日益明通，以上皆是由格物致知於實踐上不分先後，來說格物致知且做一件是來看待便可。然而在實踐上雖說不得

〔註27〕見黎靖德編：《朱子語類》（北京：中華書局，2004年2月），冊1，卷15，頁291。

〔註28〕見黎靖德編：《朱子語類》（北京：中華書局，2004年2月），冊1，卷15，頁292。

〔註29〕見黎靖德編：《朱子語類》（北京：中華書局，2004年2月），冊1，卷15，頁309。

〔註30〕見黎靖德編：《朱子語類》（北京：中華書局，2004年2月），冊1，卷15，頁311。

強分先後，理序上卻可有分別，因此朱子又有依《大學》章句而說：「知之所以至，卻先須格物。本領全只在這兩字上。」〔註31〕朱子之言本領只在格物這兩個字上，即是說工夫之根本只在致於物之善，故其言先後，應當是理序上的先後，而非時間上的先後，此與我們先前所說的實踐上不能以做足格物工夫後，方能有知致可做，而否定先格物後致知的說法並沒有衝突。因此，在邏輯上我們自然得要有先格物、後致知的分辨，否則物理未明，縱然欲知亦無從著力，故一切本領只收在窮格事物之理上，而後方能導向心之知理，因此林維杰先生在討論格物致知時，也曾提到：「（致知）作為結果，它是格物理論的目的；（致知）作為工夫，它與格物理論站在不同的兩端：格物是探究事物以獲得知識並進而明本心，致知是把本心所具（已知）之理推展到事物上而體會事物之理。」〔註32〕

以致知為格物工夫的結果，這是我們以格物窮理後，心遂得以明理，並復由此心理明通無阻的道心，援情而展現在事物之上，做出恰當回應的對應理解。在這樣的理解中，我們也可以見到他律道德的一種色彩，因為我們不是由一個道德主體給出道德實踐，而是由主體向性理進行窮索，並由不斷的窮索中漸次完成我們相應於性理這個道德法則的實踐。因此格物既然是即於物上知得「事君便遇忠，事親便遇孝，居處便恭，執事便敬，與人便忠」〔註33〕的道理，也就是要求我們的實踐主體能於事君、事親、執事、與人上，有相應於忠之理、孝之理、恭之理、敬之理的具體表現，而此表現之是否呈顯、相應無誤，全賴一心知理與否。

順著上面的討論並一總地說，知至的結果又可以由兩方面加以闡釋，一是恢復心理通明的狀態；二是心能依性理而給出道德判斷。至於我們所以能

〔註31〕原句上下文為：「……若《大學》，卻只統說。論其功用之極，至於平天下。然天下所以平，卻先須治國；國之所以治，卻先須齊家；家之所以齊，卻先須修身；身之所以修，卻先須正心；心之所以正，卻先須誠意；意之所以誠，卻先須致知；知之所以至，卻先須格物。本領全只在這兩字上。」見黎靖德編：《朱子語類》（北京：中華書局，2004年2月），冊1，卷14，頁255。

〔註32〕引文中前兩個括弧（致知）為筆者補充，最後一個括弧（已知）則是原文本有。見林維杰：〈萬物之理與文章之理：朱熹哲學中形上學與詮釋學的關聯〉，《揭諦》期4（嘉義：南華大學哲學系，2002年7月），頁113。

〔註33〕原文上下句為：「格物窮理，有一物便有一理。窮得到後，遇事觸物皆撞著這道理：事君便遇忠，事親便遇孝，居處便恭，執事便敬，與人便忠，以至參前倚衡，無往而不見這箇道理。」見黎靖德編：《朱子語類》（北京：中華書局，2004年2月），冊1，卷15，頁289。

夠達到此種狀態，便需要仰賴格物的工夫。既然朱子的格物之教是以實踐主體的知致做為最後的結果，那格物本身便如同讀書法一樣，均可說是一種切己的工夫。朱子在讀書法中表示「人生道理合下完具」，〔註34〕不需從外頭添得什麼；在格物致知的教法中也有同樣的意思：

> 人本有此理，但為氣稟物欲所蔽。若不格物、致知，事至物來，七
> 顛八倒，若知止，則有定，能慮，得其所止。〔註35〕

道理本來生而有之，性理本於先天，不是格物、致知後方才有得。所以仍要格物、致知，只是因為心理本來貫通的狀態受到氣稟物欲阻隔了，應事時便有不從理來，以致行為判斷都紛亂顛倒。因此朱子說：「若知得事物上是非分明，便是自家心下是非分明。」〔註36〕我們在讀書法中討論到切己工夫時，亦曾表示：讀書若至豁然貫通處，便將發現我在書本中追求的這個價值根源之理，正是同樣內在於我的這個價值根源之理，二理只是一理、眾理也只是一理。因此，吾人於事上窮得分明的種種事理，本是理一分殊的散現，此眾理與我心中本具的性理，本來是一，故朱子有「物理即道理，天下初無二理」〔註37〕以及「萬物皆有此理，理皆同出一原。但所居之位不同，則其理之用不一」〔註38〕之說，而此種說法顯然說明了朱子對於眾理之有一共同本源的肯認。因此，吾人若能豁然貫通，則事事物物之理皆能順此結構下，得與我心所貫通的性理融通為一，故：「聖賢雖千言萬語，千頭萬項，然一透都透。如孟子言義，伊川言敬，都徹上徹下。」〔註39〕千言萬語猶如分殊之理如事事物物中的散現，孟子之義與伊川之敬，便是直指此眾理的同一本源而說出，故此時只心知性便得以說是全體大用無不明。關於這個意思我們也可以從朱子對於聖人的描述來窺得一二，朱子曾說：

〔註34〕見黎靖德編：《朱子語類》（北京：中華書局，2004年2月），冊1，卷10，頁161。

〔註35〕見黎靖德編：《朱子語類》（北京：中華書局，2004年2月），冊1，卷14，頁280。

〔註36〕見黎靖德編：《朱子語類》（北京：中華書局，2004年2月），冊3，卷30，頁769。

〔註37〕見黎靖德編：《朱子語類》（北京：中華書局，2004年2月），冊1，卷15，頁294。

〔註38〕見黎靖德編：《朱子語類》（北京：中華書局，2004年2月），冊2，卷18，頁398。

〔註39〕見黎靖德編：《朱子語類》（北京：中華書局，2004年2月），冊1，卷6，頁120。

聖人未嘗言理一，多只言分殊。蓋能於分殊中事事物物，頭頭項項，理會得其當然，然後方知理本一貫。不知萬殊各有一理，而徒言理一，不知理一在何處。〔註40〕

曾子答門人說忠恕，只是解「一以貫之」，看本文可見。忠便貫恕，恕便是那忠裏面流出來底。聖人之心渾然一理。蓋他心裏盡包這萬理，所以散出於萬物萬事，無不各當其理。〔註41〕

朱子以為聖人所以未曾提及理一，並不是這眾理同源的理一不存在，而是不希望人們憑空想像，這和朱子知不喜歡人說「與點」一章，而強調「學者且要去萬理中千頭百緒都理會，四面湊合來，自見得是一理。」〔註42〕是相同的意思。所以，朱子講工夫，便重在事事物物上逐個格去，而不喜好空談理一，故朱子又說：「天下豈有一理通便解萬理皆通！也須積累將去。如顏子高明，不過聞一知十，亦是大段聰明了。學問卻有漸，無急迫之理。」〔註43〕這顯然也不是反對有融通眾理的理一存在，只是要我們能夠腳踏實地做工夫。因此縱然聖人本人不言理一，而理一卻渾然處於聖人心中，同時聖人亦得以憑藉其心對此理一的掌握，而發為分殊之千言萬語。故此散見於各部經典中的千言萬語之所以能為我們掌握，得以積久而豁然貫通，原因也在於此中有著同源理一。

讀書與格物同樣是讓我們於分殊的差異中，上升至對於超越的普遍性的領悟，在這個過程中，我們一方面逐步於判斷中呈現、或於心上知得這樣的一個本體，就另一方面而言，我們則是逐步克服氣稟物欲的阻撓，如自濁水中撿出寶珠，恢復性德本來的通明的面貌。若由克服氣稟的一面來講，格物致知的工夫其實就是一段存天理去人欲的過程，因此朱子說：

〔註40〕見黎靖德編：《朱子語類》（北京：中華書局，2004年2月），冊2，卷27，頁677～678。

〔註41〕見黎靖德編：《朱子語類》（北京：中華書局，2004年2月），冊2，卷27，頁676。

〔註42〕原上下文句為：「萬理雖只是一理，學者且要去萬理中千頭百緒都理會，四面湊合來，自見得是一理。不去理會那萬理，只管去理會那一理，說『與點』，顏子之樂如何。程先生《語錄》事事都說，只有一兩處說此，何故說得恁地少？而今學者何故說得恁地多？只是空想象。」見黎靖德編：《朱子語類》（北京：中華書局，2004年2月），冊7，卷117，頁2820。

〔註43〕見黎靖德編：《朱子語類》（北京：中華書局，2004年2月），冊2，卷18，頁391。

> 本心陷溺之久，義理浸灌未透，且宜讀書窮理。常不間斷，則物欲
> 之心自不能勝，而本心之義理自安且固矣。〔註44〕

此處將讀書與窮理合著說，以為讀書與格物窮理都有涵養義理的效果，我們若循此功效，持之以恆地做工夫，心中所具的義理也便能夠持續顯明。換句話說也就是令本心自然脫離物欲的侵擾，若問格物的工夫何以能夠脫離物欲的侵擾，其動力何在？這便是我們在下節中所要進行思考的問題了。

第三節　持敬涵養與道德實踐的動力問題

當我們在講述一家一派的道德哲學時，除了要說明該學者、學派對於道德根據的描述為何，以便從中指出根據的來源，並解釋吾人所做的價值判斷之依據，還有責任歸屬外，往往也會針對此根據之性質做一分析，以指出此根據是否具有普遍性、超越性……等等，這正如同我們在前兩章中所討論的內容，只是這樣的討論對於深究道德實踐之所以可能的理由，實際上並不完全，因為這樣的討論或許足夠說明吾人何以必須盡到道德責任，或是認識道德的理由，但是這類的分析卻顯然未能涉及一道德行動如何可行的動力問題，而動力問題要思考的是我們如何能夠依道德法則而有這樣的行動、或者這樣的行動究竟如何可能？顯然這種問題對於任何一家一派的道德哲學都是重要的，因為它要嘗試解答的是我們憑藉著怎樣的可能性去實現道德，如果我們不能對此提出合理的解釋，那縱使道德的根據再穩固，一切對於此根據的學說、理論也只能被留在學院之中，做為一種思辨的遊戲來觀賞。因此當康德在《實踐理性批判》中分析完純粹理性的實踐原則後，自然要在末尾處加入〈純粹實踐理性底動力〉一章，來解說有關實踐動力的可能性。

分判朱子為他律道德系統的牟宗三先生也同樣關切到朱子有關動力問題的解答，前輩的思考將有助於我們集中討論時的焦點，以下先就牟宗三先生的論述做一說明。在《心體與性體》第三冊中，牟宗三先生曾寫到：

> 無論道德的與非道德的，彼一律就存在之然以推證其所以然以為
> 性，則即使是屬於道德的性，此性之道德性與道德力量亦減殺，此
> 即所謂他律道德是。在此，性體未能實踐地、自我做主地、道德自

〔註44〕見黎靖德編：《朱子語類》（北京：中華書局，2004年2月），冊1，卷11，頁
176。

覺地挺立起（提挈起）以爲道德實踐之先天根據，道德創造之超越
實體。朱子所說之性雖亦是先天的、超越的，但卻是解觀的，存有
論的，實踐之動力則在心氣之陰陽動靜上之涵養與察識，此即形成
實踐動力中心之轉移，即由性體轉移至對於心氣之涵養以及由心氣
而發之察識（格物窮理以致知），而性理自身則是無能爲力的，只是
擺在那裡以爲心氣所依照之標準，此即性體道德性道德力之減殺，
而亦是所以爲他律道德之故。〔註45〕

以上是依照朱子心性論的結構來加以考量所獲得的結論，事實上若順承上一
節有關格物致知的討論來思考這個問題，也可以得到相近的結論，對此，牟
宗三先生表示：

（朱子）以「知之眞切」帶出「意誠」。此固可說。然此種誠意黏附
于「知」而見，很可能只表示知之誠，即實心實意去知，不是浮泛
地知，眞感到求知之迫切，眞感到理之可悅而眞切地去知之，此所
謂對于知、對於理、有存在的感受也。……然而知之機能與行之機
能、在泛認知主義之格物論中，只是外在地相關聯，他律地相關聯，
而行動之源並未開發出，卻是以知之源來決定行動者，故行動既是
他律，亦是勉強，而道德行動力即減弱，此非孟子「沛然莫之能禦」
之義也。〔註46〕

此是牟宗三先生反省朱子的誠意之說。關於「意」字，朱子有「凡營爲、謀
度、往來，皆意也。所以橫渠云：『志公而意私。』」〔註47〕的規定，至於誠
意與格物致知的關聯，我們可以看到下面引文：

「知至而后意誠」，須是眞知了，方能誠意。知苟未至，雖欲誠意，
固不得其門而入矣。惟其胸中了然，知得路逕如此，知善之當好，
惡之當惡，然後自然意不得不誠，心不得不正。〔註48〕

朱子認爲要能意誠，需先知至。他的理由是，如果我們心中一無所知，那要

〔註45〕見牟宗三：《心體與性體》（台北：正中圖書股份有限公司，2005年3月），冊
3，頁477～478。
〔註46〕見牟宗三：《心體與性體》（台北：正中圖書股份有限公司，2005年3月），冊
3，頁402。
〔註47〕見黎靖德編：《朱子語類》（北京：中華書局，2004年2月），冊1，卷5，頁
96。
〔註48〕見黎靖德編：《朱子語類》（北京：中華書局，2004年2月），冊1，卷15，頁
302。

做到意誠，就彷彿一個人要進到屋子裏頭卻不先弄清楚門戶在哪裡，所以，心中如果對道理掌握得不真切，就好似行路時未嘗先把路徑看清楚，就是要走，也不曉得怎麼上路，因此，知之未至，意誠也是不可得的，所以《大學》謂「知至而后意誠」。而這大致上是依據朱子自己「心者，一身之主宰；意者，心之所發」〔註49〕與「致知，知之始；誠意，行之始」〔註50〕的說法，在先知後行架構下的一種理解。然而牟宗三先生認為，朱子以知至而說意誠，實際上是將道德行動之機能附屬於認知之機能上，遂令道德的行動有待於格物致知的決定，使得道德行動成為他律的、作用的行動，而失卻主體自發自為的意義，亦無法真實地肯定誠，而以誠作為德行之創造本身，故「道德行動力即減弱」。接著牟宗三先生又以陽明誠意說與朱子誠意進行對照：

> 王陽明言由致良知以誠意，攝意于知，總在開發行動之源，而真正行動之源實只在良知也。攝意于知，以證知心之體、定心之發，則知至而心正意誠，心知意一也，總是一道德行動之真源。〔註51〕

陽明以良知攝意，於此即能肯定良知發用，所以我們便能由良知之能知善知惡，見得一道德行動的真源，而此真源本身恰是生生不息的道德創造之體，是一「自體上開發行動之源」。〔註52〕反觀在朱子的格物致知教法中，意之誠與不誠，遂為知之真切與否掌握，所以朱子說：「若不格物、致知，那箇誠意、正心，方是捺在這裏，不是自然。若是格物、致知，便自然不用強捺。」〔註53〕若知得切至了，又何需憂患意有不誠，意有不誠只是不能好好地在格物致知上下足工夫，才會感到勉強難行。這麼看來朱子對於致知與誠意關係的理解，確實如牟宗三先生所言，有以知之源來決定行之源的意思在裏頭。問題是，朱子這樣的理解便如同牟宗三先生分析的：「然正心誠意所表示之心意，是道德之心意，是道德行動之機能，而知是認知之機能。求知活動固亦可說是一種行動，因而做為行

〔註49〕見黎靖德編：《朱子語類》（北京：中華書局，2004 年 2 月），冊 1，卷 5，頁 96。

〔註50〕見黎靖德編：《朱子語類》（北京：中華書局，2004 年 2 月），冊 1，卷 15，頁 305。

〔註51〕見牟宗三：《心體與性體》（台北：正中圖書股份有限公司，2005 年 3 月），冊 3，頁 402。

〔註52〕見牟宗三：《心體與性體》（台北：正中圖書股份有限公司，2005 年 3 月），冊 3，頁 403。

〔註53〕見黎靖德編：《朱子語類》（北京：中華書局，2004 年 2 月），冊 1，卷 15，頁 294。

動之源的心意亦可應用于心知之明之認知而誠爲眞切地去認知，但卻並不能限于此而與之爲同一。意是行動之源，而實心實意去知、所誠的只是知，此與誠意以開行動之源、這其間畢竟有距離。」〔註54〕牟宗三先生在泛認知主義的認定下，朱子以道德的活動機能從屬於認知機能，這實際上並不足以說明由知到行之間的必然聯繫，同時，其所用心的誠意，也無法眞正的提起行動能力，開出行動之源，因此，動力問題在朱子的順取工夫下，如一開始的牟宗三先生就心性論的推論般，也仍然只是他律意義的。

　　然而如果我們依據牟宗三先生所提示的，以朱子的實踐動力自性體旁落在「心氣之陰陽動靜上之涵養與察識」處，而轉成性體之外的來源，那麼吾人仍可以就此探問動力來源即便不出於性體本身，又該是從何而來。在上節簡述格物致知教法的源流時，我們曾經提及北宋程頤就著修養工夫提出「涵養須用敬，進學則在致知」的方法，而朱子對此工夫極爲看重，曾順著伊川的意思而有「用誠敬涵養爲格物致知之本」〔註55〕的主張。以誠敬的涵養做爲格致工夫的根本，便含有格致教法必須以誠敬做爲基礎的意義在裏邊，因此朱子又說：「今人不曾做得小學工夫，一旦學《大學》，是以無下手處。今且當自持敬始，使端慤純一靜專，然後能致知格物。」〔註56〕要能篤行《大學》綱領，當以持敬的涵養做爲起點，能通過持敬的涵養，心思純靜專一時，格物致知的工夫才有下手處。此說如同讀書法時要先有一段虛心的工夫做在前頭，然後博學精熟以致讀史判斷才能一一做得，只有如此，讀書工夫才不虛僞。持敬涵養之於格物致知同樣也能起著這樣的功效，因此朱子又說：

> 敬不是閉眼默坐便爲敬，須是隨事致敬，要有行程去處。如今且未論齊家、治國、平天下，只截自格物、致知、誠意、正心、修身爲說，此行程也。方其當格物時，便敬以格之；當誠意時，便敬以誠之；以至正心、修身以後，節節常要惺覺執持，令此心常在，方是能持敬。今之言持敬者，只是說敬，非是持敬。〔註57〕

〔註54〕見牟宗三：《心體與性體》（台北：正中圖書股份有限公司，2005年3月），冊3，頁402。

〔註55〕此句順門人問：「伊川說格物、致知許多項，當如何看？」而有發揮。見黎靖德編：《朱子語類》（北京：中華書局，2004年2月），冊2，卷18，頁407。

〔註56〕見黎靖德編：《朱子語類》（北京：中華書局，2004年2月），冊1，卷14，頁251。

〔註57〕見黎靖德編：《朱子語類》（北京：中華書局，2004年2月），冊1，卷13，頁226。

上文是余大雅順朱子「要須驗之此心，眞知得如何是天理」的提醒，而以之歸結於以「持敬爲要」，而朱子順此指點的話語。朱子認爲敬的涵養不是吾人把眼睛閉上，萬事不理的默坐一地，便是敬，這樣的敬只是口頭意義的敬（「說敬」），與涵養意義下的持敬不同，涵養意義的敬不僅如同我們上文所說的，是做爲格物工夫的起頭與根本，敬的涵養亦是隨時伴隨著吾人生命，它是無一刻停頓的存心自持，故謂「節節常要惺覺執持，令此心常在」，這麼說來，持敬涵養雖起於格致之前，卻不會止於格致之後，而仍是隨著格物、致知、誠意、正心……等等大學綱領與之一同操作，所以當說格物時，敬在其中，當及致知時，敬亦在其中，若誠意、正心以至治國、平天下等事，亦皆有敬在其中。了解這層意思後，我們對於持敬涵養的內容又該如何理解？朱子曾說：

求仁只是「主敬」，「求放心」，若能如此，道理便在這裏。〔註58〕

若我們依據朱子「性便是仁義禮智」〔註59〕的規定來理解這段引文，那麼此處言「求仁」，便可以被進一步解釋爲是求天所予我的性理。〔註60〕若欲見得吾人本有的性理，便需恢復我心與理的明通無阻，亦即恢復我心的明靈，所以朱子說要求仁，就是要找回我們受到氣稟牽引的放失之心，直到心與理之間不再受到干擾，才能發覺道理其實就在我自己身上。又朱子此處將「求放心」的工夫與「主敬」的涵養劃上等號，我們可以據此推斷主敬的涵養乃是在心上用力，因此：「能純於敬，則自無邪僻，何用克己。若有邪僻，只是敬心不純，只可責敬。」〔註61〕若要此心純然專一，便要主敬克己，只是當主敬的工夫做到極處，此時心不再受氣稟干擾，不受外物牽扯，我們的情用發而從理，亦不會有任何危害道德生命的舉措，自然沒有克己、不克己的問題，

〔註58〕 見黎靖德編：《朱子語類》（北京：中華書局，2004 年 2 月），冊 1，卷 6，頁 113。

〔註59〕 見黎靖德編：《朱子語類》（北京：中華書局，2004 年 2 月），冊 4，卷 64，頁 1569。

〔註60〕 朱子又有仁包仁義禮智四者的觀點（因問仁包四者之義。曰：「仁是箇生底意思，如四時之有春。彼其長於夏，遂於秋，成於冬，雖各具氣候，然春生之氣皆通貫於其中。」見黎靖德編：《朱子語類》（北京：中華書局，2004 年 2 月），冊 2，卷 20，頁 474。），因此我們可以理解爲求仁即是求仁義禮智，又依朱子「性便是仁義禮智」的說法，則「求仁」便可與「格物窮理」一事關聯。

〔註61〕 見黎靖德編：《朱子語類》（北京：中華書局，2004 年 2 月），冊 1，卷 9，頁 151。

因而說生命若能純敬專一時，便不需多言克己。我們綜合以上意思，朱子持敬涵養的對象雖然可說在心上用力，然而此處得言「在心上用力」與讀書法之討論虛心處為「工夫在心上做」之評述一樣，均是以涵養工夫重在復顯心與理的本來貫通而得有此言，至於工夫的實際的下手處，則是重在對治氣稟駁雜的問題，因此我們亦不能以孟子之逆覺義來理解「在心上用力」與朱子之「求放心」。

　　對於這樣一種敬的工夫，朱子也賦予了它很豐富的內涵，我們首先看到：

　　「主一之謂敬」，只是心專一，不以他念亂之。每遇事，與至誠專一做去，即是主一之義。〔註62〕

　　敬，莫把做一件事看，只是收拾自家精神，專一在此。今看來諸公所以不進，緣是但知說道格物，卻於自家根骨上煞欠闕，精神意思都恁地不專一，所以工夫都恁地不精銳。〔註63〕

此處朱子將敬與專一互相結合，專一一詞我們曾在讀書法中有過討論，在讀書法中，專一是為了達到義理精熟的一種措施，我們通過專一收束精神，以令此心能常就著義理思量，來達到豁然貫通的境地。朱子曾說：「讀書須是專一。讀這一句，且理會這一句；讀這一章，且理會這一章。須是見得此一章徹了，方可看別章，未要思量別章別句。只是平心定氣在這邊看，亦不可用心思索太過，少間卻損了精神。前輩云：『讀書不可不敬。』敬便精專，不走了這心。」〔註64〕讀書如果不能收視返聽，只是讓心神游移於各章各句中，而不能切實穩健的一章一句循序理會，只會白白折損精神，朱子為了防範此種毛病，遂指出專一讀書的要求。此處引文中專一意思與上兩則獨立引文相若，因此以專一做為讀書與持敬的中介嵌結，並非由於字面相仿，而是二者所欲表達皆是「收拾自家精神」與「不以他念亂之」的意義，故『讀書不可不敬。』敬便精專，不走了這心。」此外獨立引文中又有「主一之謂敬」的主一一詞，此語本是伊川所說，朱子則以敬字做解釋：「主一又是『敬』字注解。要之，事無小無大，常令自家精神思慮盡在此。遇事時如此，無事時也

〔註62〕見黎靖德編：《朱子語類》（北京：中華書局，2004年2月），冊5，卷69，頁1740。

〔註63〕見黎靖德編：《朱子語類》（北京：中華書局，2004年2月），冊1，卷12，頁215～216。

〔註64〕見黎靖德編：《朱子語類》（北京：中華書局，2004年2月），冊1，卷10，頁168。

如此。」〔註65〕則主一與專一同樣有著持敬涵養時心思專一、意志收斂的意思。

又持敬的涵養工夫既然可與讀書法做一結合,則與先前朱子言敬貫於《大學》格物、致知、誠意、正心⋯⋯諸綱領的意思相當,很能凸顯持敬工夫當於事上做、亦可於一切事上做的意思,所以我們看到朱子反覆強調:「方無事時,敬於自持;及應事時,敬於應事;讀書時,敬於讀書;便自然該貫動靜,心無時不存。」〔註66〕此種主張很能呼應朱子在中和新說中,一心通貫已發未發的思想,故於新說言敬與心時,遂有:「蓋心主乎一身而無動靜語默之間,是以君子之於敬,亦無動靜語默而不用其力焉。未發之前,是敬也固已主乎存養之實,已發之際,是敬也又常行乎省察之間。」〔註67〕心之流行通貫已發未發、動靜語默之間,則用於心上收斂、操持的涵養工夫,亦當隨事檢束,以能通徹一切事物,時時刻刻警醒不失。此種對於道德生命發展的嚴格自持是朱子一向重視的,亦常表現在他的哲學思想中,例如朱子謂門人弟子解釋主一的持敬工夫時,便以「身心肅然,表裏如一」〔註68〕做為指導方針。

既然以身心、表裡論述持敬,則持敬工夫必然要兼及內外。就外而言,朱子有這樣的說法:

> 持敬之說,不必多言。但熟味「整齊嚴肅」,「嚴威儼恪」,「動容貌,整思慮」,「正衣冠,尊瞻視」此等數語,而實加工焉,則所謂直內,所謂主一,自然不費安排,而身心肅然,表裏如一矣。〔註69〕

朱子之言持敬工夫,亦重視「內外交相養」〔註70〕的道理,外在的環境本來

〔註65〕見黎靖德編:《朱子語類》(北京:中華書局,2004 年 2 月),冊 1,卷 12,頁 206。

〔註66〕見黎靖德編:《朱子語類》(北京:中華書局,2004 年 2 月),冊 7,卷 120,頁 2911。

〔註67〕見朱杰人,嚴佐之,劉永翔主編:〈答張敬夫〉,《朱子全書》(上海:上海古籍出版社,安徽教育出版社,2002 年 12 月),冊 21,卷 32,頁 1419。

〔註68〕原句上下文:「所謂主一,自然不費安排,而身心肅然,表裏如一矣。」見黎靖德編:《朱子語類》(北京:中華書局,2004 年 2 月),冊 1,卷 12,頁 211。

〔註69〕見黎靖德編:《朱子語類》(北京:中華書局,2004 年 2 月),冊 1,卷 12,頁 211。

〔註70〕如《語類》有:初投先生書,以此心不放動為主敬之說。先生曰:「『主敬』二字只恁地做不得,須是內外交相養。蓋人心活物,吾學非比釋氏,須是窮理。」見黎靖德編:《朱子語類》(北京:中華書局,2004 年 2 月),冊 7,卷 119,頁 2879。

容易影響吾人的精神活動，因此，持敬工夫也不能夠忽視外在的表現，如「整齊嚴肅」、「嚴威儼恪」或指內在精神的持敬主一，而「動容貌，整思慮」、「正衣冠，尊瞻視」則多關乎形容的嚴整莊重。只是兩相比較，朱子更注重的自然是內心的整飭，因爲人之身心本是一體，心中或有所感便易形於顏色，因此朱子認爲若能敬以直內，必然也能顯諸於外，所以說若能持主一，那麼「身心肅然，表裏如一」，也就「自然不費安排」了。

就內而言，持敬的涵養工夫除了有以專一、主一做爲內容之外，我們還注意到朱子有以畏說敬的思考：

> 敬不是萬事休置之謂，只是隨事專一，謹畏，不放逸耳。〔註71〕

這裡先指出敬不是「萬事休置」的虛浮之說，而是隨事凝神專一，不得視作離事而做的默默涵養。此等意思我們已在前文中多次申說，然而朱子於末尾又將敬與謹畏關聯著講，並以不放逸解釋謹畏。不放逸一詞有出於佛家用語，〔註72〕於佛典的用法中帶有滋養善法，防堵已斷之惡的意思在裡頭。朱子此處以不放逸說明謹畏，便含有小心地努力進德修業，不放任自己沉溺私慾中的意思。而畏的用法，正在凸顯此種戒懼謹愼的心理狀態。我們看到下面這則語錄：

> 敬非是塊然兀坐，耳無所聞，目無所見，心無所思，而後謂之敬。
> 只是有所畏謹，不敢放縱。如此則身心收斂，如有所畏。常常如此，
> 氣象自別。存得此心，乃可以爲學。〔註73〕

朱子認爲持敬的涵養功夫重在畏謹，畏謹是「身心收斂，如有所畏」，這表明此時身體活動與心理活動同時處於矜莊恪愼，而不敢絲毫放縱的狀態，而在這種高度嚴整畏懼的情緒中精神自然是檢點不失的，因此心思亦少有走作的可能。朱子對於持敬的這種體會而得出關於畏的說法是很重要的，此種感受可以說是將持敬由純然的工夫意義推擴到實踐主體自身的一種情緒活動，而這種情緒活動顯然是隨著我們持敬工夫的操作而伴隨而來的。同時，我們在前面的討論中曾經說過，持敬的工夫本身作爲朱子格物工夫的根本基礎，它

〔註71〕見黎靖德編：《朱子語類》（北京：中華書局，2004 年 2 月），冊 1，卷 12，頁211。

〔註72〕如《大乘百法明門論解・卷上》有：「言不放逸者，精進三根，於所修斷，防修爲性。」

〔註73〕見黎靖德編：《朱子語類》（北京：中華書局，2004 年 2 月），冊 1，卷 12，頁211。

有先行於格物致知教法的必要性，這麼說來，當持敬的工夫參與《大學》種種綱領中時，由其本身給出的敬畏之情亦不斷隨之發動。因此，持敬工夫於此便得以依據其敬畏之情而爲格物致知教法給出提撕的作用，遂成爲一種外於本性的動力來源，這種動力將持續支持著我們參與格物活動以至心性明通無阻。而這種伴隨著道德修養工夫而來的敬畏之情，我們得以將它視爲一種道德情感。只是這種意義下的道德情感又是否有其自身的來源根據呢？換言之，促使此敬畏之情的發生對象或來源究竟爲何？

在西方的倫理學系統中，我們注意到康德的道德哲學在部分主張上有著近似於朱子心性論的理解。如我們在本節一開始所說的，康德在其哲學系統中曾有關於道德情感的討論，而這個部分恰與我們對朱子敬畏之情的理解相似，簡言之，康德也認爲道德情感是感性的，不與屬於物自身領域的道德法則同層；而在朱子心性二分的架構下，我們已在上一章第二節關於「讀史的判斷與道德義理的涵養」的敘述中，提示了朱子有將四端之情與七情六慾同置於感性之情的理解，故於朱子學中言及的情感，皆應歸屬感性層次而言，因此，敬畏之情自然也不會與性理同層。只是我們也不當忽略二者之間也存在著一個根本差異，此即李明輝先生曾指出的：「康德與朱子在倫理學上最大的分歧在於：在康德的倫理學系統中，作爲道德主體的『意志』是道德法則之制定者；但在朱子的心性論系統中，性只是理，心雖能認知地賅攝，但卻不是理之制定者。因此，康德的倫理學屬於『自律倫理學』，朱子的倫理學則屬於『他律倫理學』。」〔註74〕只要我們能夠辨明此中差異，亦不妨礙我們藉由對康德道德情感部份討論的回顧，以爲釐清朱子的道德情感（敬畏之情）是否有其來源根據的參照座標，以下我們看到康德對於德情感的一些思考。

在康德的系統中，吾人的行動只有依據道德法則而來的，方有道德性可言，若非如此，一行動將只能有合法性。〔註75〕換句話說，縱使有一行爲的產生是合乎我們公認的道德標準，然而，若此行爲之所發是來自於道德原則以外的根據，則此一行動仍然只是合法的，而非道德的。因此，康德便需要面對一個難題，這個難題是當康德將道德律歸給理性，並將之與感性的關係

<hr />

〔註74〕 見李明輝：《四端與七情：關於道德情感的比較哲學探討》（台北：國立台灣大學出版中心，2005 年 6 月），頁 260～261。

〔註75〕 見牟宗三譯註：《實踐理性批判》，《康德的道德哲學》（台北：台灣學生書局，2000 年 5 月），頁 244。

劃分開來後，在面對法則又需要保有超越於感性欲求的純粹性質時，他必須設想一種不外於法則且又不依於感性性好為目的的一種驅使吾人向著道德法則前行的動力來源，以便保持我們行為的道德性，並且為我們的道德實踐於經驗中落實的可能性作出一種來源的解釋。

　　因著法則本身純粹性要求的原故，康德於面對動力問題時，自然要強調我們不僅不能去尋求那些有害道德法則本身的動力，亦不能允許任何動力以之做為法則的輔助、合作。〔註76〕事實上，康德簡別得非常清楚，他說：「我們所要先驗地去表示的乃是：不是道德法則為什麼其自身即供給一動力，而是即如其為一動力，它在心靈上所產生的（或較正確地說所必須產生的）結果是什麼。」〔註77〕我們若直接說出結論，這樣一種法則於心靈上的結果，即是「道德情感」。那什麼是道德情感呢？康德分析了吾人面對道德法則時而有的兩種情感現象，這兩種現象也就是消極的痛苦與積極的尊敬，就前者而言：「道德法則，作為意志底一決定性原則，它必須因著抑制一切我們的性好而產生一種情感，此情感可被名曰痛苦……」〔註78〕因此，這種痛苦的情感（道德情感），是源自於道德法則對於吾人性好的抑制而來的一種反應。就後者而言：「因為這法則是某種其自身是積極的東西，即是說，是一理智因果底形式，即自由底形式，所以它必須是尊敬底一個對象；因為，因著與性好底主觀對抗相對反，它減弱了自大；又因為它甚至擊滅了自大，即貶抑了自大（以自大為恥辱），所以它是最高尊敬底一個對象，結果也就是說它是一種積極情感底基礎，此積極情感不是屬於『經驗的起源』的，乃是先驗地被知的。」〔註79〕這裡康德認為我們面對法則亦能於我們感性上引起一種尊敬之情，而此尊敬之情亦是一種道德情感。這樣的情感乃是當吾人面對道德律之能擊滅吾人一切性好時，而見道德律之崇高超越於吾人一切有限欲求時，由尊敬所生起的情感，因此康德說它是因著理智原因、先驗地為我們知之，而非起於經驗的情感。換言之，對於我們的道德情感，康德認為它並不是因著現實世界的任何活動而產生，其發生的原因只在面對經驗

〔註76〕見牟宗三譯註：《實踐理性批判》，《康德的道德哲學》（台北：台灣學生書局，2000 年 5 月），頁 245。

〔註77〕見牟宗三譯註：《實踐理性批判》，《康德的道德哲學》（台北：台灣學生書局，2000 年 5 月），頁 245。

〔註78〕見牟宗三譯註：《實踐理性批判》，《康德的道德哲學》（台北：台灣學生書局，2000 年 5 月），頁 246。

〔註79〕見牟宗三譯註：《實踐理性批判》，《康德的道德哲學》（台北：台灣學生書局，2000 年 5 月），頁 247。

之外的、由純粹實踐理性給出的法則而有之。因此道德情感的產生不能脫離道德法則，同時亦不屬於道德法則，雖然嚴格地說，它仍然是一種情感，但是卻是一種由抑制而說的情感。因此我們不能說道德情感是感性的結果，而應當被視作一種於實踐時，能促進主體自身的意志爲道德法則影響的實踐結果。〔註80〕同時我們也必須注意到：

> 這種情感（我們名之曰道德的情感）簡單地說只是爲理性所產生。
> 它不是用來爲行動估價而服務，也不是用來充作客觀的道德法則本
> 身之基礎，但只是用來充作一種動力去使這道德法則即以其自己而
> 爲一格言。〔註81〕

我們不能將此尊敬法則而來的情感視爲道德價值給出的主體，也不能看做道德性的一個動力來源，這只能是在主觀的驅使我們往道德性靠攏而說的一種情感於主體上的影響。簡單地說，道德情感可以鼓舞我們，並抑制那些阻礙著道德活動的經驗因素，就這一方面而言，道德情感似乎幫助了我們朝著道德的圓滿性前進，但其自身只是法則的助源，並非法則本身的基礎，亦非法則自身所給出。因此，牟宗三先生曾就這一點來評論康德的道德情感，認爲：「道德法則本身是動力，是客觀地虛說的動力——虛動力，尊敬是主觀地實說的動力——實動力，而此實動力却是法則虛地作用于情感上的一個結果，故雖實而不穩。」〔註82〕

通過上述的簡短說明，我們可以知道，在康德的系統中道德情感乃是作爲一種致使吾人接近道德法則的依靠；而在朱子的系統中來說，敬畏之情同樣有幫助我們實踐即物窮理的功效。據李明輝先生的分析：「（康德的）道德情感不再是道德之『判斷原則』，但仍是其『踐履原則』；就此而言，它是純粹理性之動機。」而朱子的敬畏之情正是格物、致知，以至治國、平天下等活動中得以執行的先行基礎與必要條件，因此亦具有「踐履原則」的實踐地位。至於此敬畏之情的來源問題，我們則可以通過上述關於康德對道德情感發生根源的說明，來爲朱子敬畏之情的起源給出相當解釋，就康德而言，道

〔註80〕見牟宗三譯註：《實踐理性批判》，《康德的道德哲學》（台北：台灣學生書局，2000 年 5 月），頁 250。

〔註81〕見牟宗三譯註：《實踐理性批判》，《康德的道德哲學》（台北：台灣學生書局，2000 年 5 月），頁 251。

〔註82〕見牟宗三譯註：《實踐理性批判》，《康德的道德哲學》（台北：台灣學生書局，2000 年 5 月），頁 257。

德情感是道德法則在心靈上引出的結果；在朱子，敬畏之情亦得由實踐主體對於性理的理解、掌握而引申出的。敬畏這種情感，我們在先前論述中說它是源自道德涵養工夫的操作過程而產生出的，同時我們也曾指出持敬的涵養是對治氣稟而行的一種工夫，因此敬畏的情感正是在於對堵氣稟的要求下而引出，所以我們不得以私欲來解釋其所由來，換言之，這樣一種情感的產生不是由外在壓迫所導致的結果，它是由於主體在自持的行為下，對於道德律則的強烈自我認可而給出的敬畏之情，此種認可是無關乎喜好與否的決斷，他的來源只繫乎主體對性理的肯認。正因如此，我們每每看到朱子強調對於本性、天理要有真知灼見的重要性。所以，它雖然是情感的一種，但由於其根據與一般的七情六慾有所不同，我們亦當有所區分。對此問題，楊祖漢老師有過這樣的說明：

> 在朱子學系統中，敬並不是外在的、在自己的身命中沒有根源而強加在自己身上的東西。……人若能時時正視道德法則，感受其崇高、純粹而莊嚴的意義，便自然會產生尊敬之情，故持敬不是使生命拘束、不自然，而是使人的理性精神得以衝破感性慾望的限制而解放出來。〔註83〕

尊敬之情（敬畏之情）之與尋常情感最大的區別則在於前者是由內心對性理肯認而提出的，至於後者則是由於外在經驗環境的種種偶然觸動所牽引而來。由天理、本性之道德價值肯認而給出的情感，自然不同於氣稟欲望此等有限性所引致的七情六慾，所以當然不會對己心造成蒙蔽，而遮掩心與理的本來貫通。依照這樣的區別，朱子的道德情感亦有其普遍性可說，我們所能夠如此肯定，只是因著這種情感的發生乃是因著性理先天本有的條件下，只要人有性理，便可依著吾人對於性理的肯認而說一敬畏之情，故得以謂其具有普遍性。因此，我們以為道德情感具有普遍性，並不是以朱子的敬畏之情是先天本有的意義下而謂其具普遍性的意思。

第四節　動力來源的反省

我們在上一節的末了提到，從感性而來的敬畏之情能因著以性理為對象

〔註83〕見楊祖漢：〈退溪與朱子持敬工夫論之涵義〉，《從當代儒學觀點看韓國儒學的重要論爭》（台北：國立台灣大學出版中心，2005年8月），頁497～498。

而保有普遍性，因此，我們得以肯定天下不會有一不具備道德情感的存在者，縱使窮凶極惡之人，也因著其本有之性，而應承認此人亦得具有敬畏之情。這樣的說法顯然能為吾人的道德教育找到一種可能動力，保住格物致知與讀書法得以進行的理由。然而，通過持敬涵養下給出的敬畏之情，在心與理為二的劃分中，仍將歸屬於感性的層面，屬心而不屬理，這是依循朱子哲學系統內部規定而來的必然結果。又既然此種道德上的敬畏之情是歸屬於感性層，則此種情感亦不免有隨感性特質而來的侷限性。

首先，我們知道敬畏之情雖然是起源於主體對於道德法則的積極肯定，因此它不同於一般情慾會阻隔心性明通的關係，而能提供修養工夫在實踐上的動力，但是敬畏之情於本質上仍當歸屬於感性層，因此他不同於孟子的道德感情，所以就實踐上看來，我們亦免不了在過程上有以情止情的問題。

再者，當朱子將性理的活動劃歸於情氣時，縱然仍可說，人人皆有是心、有是性，則敬畏之情亦是人人所當有的。然而情感本是感性層的事，其自身並沒有穩固的形上學基礎，我們無法從中分析出先驗、必然的道理。因此即便由性理處推說，而得言人人皆當有此必然性，但由感性層觀察，我們實難給予肯定，此如陳特先生分析的：「道德律則雖然是先驗、普遍、必然的，但感性則不然，我們對它沒有先驗、普遍、必然的認識。我們怎麼能先驗地看到道德律則影響於我們的感性時，必然會產生道德感，而且是一樣的道德感呢？」〔註84〕這本是陳特先生在反省康德的道德情感時指出的問題，但這問題也同樣存在於朱子的敬畏之情上。舉例來說，人人皆具有敬畏之情是一回事，但可以表現的敬畏之情的強度量卻是另一回事了。

其次，如果我們將動力來源歸自敬畏之情上來說，意即敬畏之情本身將承擔道德的實現原則的基礎。換句話說，我們欲以道德應被完成與否的結果追述至敬畏之情上，這是以道德情感來擔負道德責任。只是我們在上一段中已經指出，道德的敬畏之情本身是不穩固的，就其受限於情感本質的因素來說，我們實無法積極肯定其必然性，因此，此種責任的託付是必然要落空的。關於這點康德的道德哲學也有著相類似的問題，我們可以看到李明輝先生的討論：「在《實踐理性批判》中，康德將道德情感視為『純粹實踐理性之動機』，而道德法則只是『動因』。『動因』與『動機』之分離意涵道德的『判斷原則』

〔註84〕見陳特：《倫理學釋論》（台北：東大圖書股份有限公司，1994 年 3 月），頁267。

（principium diiudicationis）與『踐履原則』（principium executionis）之分離。……換言之，道德主體僅保有『判斷原則』，其『踐履原則』則旁落於道德情感，這便使『道德責任』之歸屬出現問題。因為這一方面，道德情感既屬於感性，則它自身並無自主性，自然無法承擔道德責任。但另一方面，道德主體固然能制定道德法則，但它本身欠缺將道德法則的要求付諸實現之能力，亦無法承擔道德責任。其結果勢必是使『道德責任』之歸屬兩頭落空。」〔註85〕

最後，我們必須指出，在朱子性理不活動的規定下，而將性理自身提供動力的來源的可能性移除後，縱然由持敬產生的敬畏之情是實踐主體對於性理的理解，而能於一切道德活動中為我們對治私欲、提撕精神，但這都不足以令我們忽略在朱子學中，道德實踐的動力已然自本性旁落的問題。換個角度來說，朱子的敬畏之情本身並不是道德法則的給出者，道德法則是性理，敬畏是氣情，二者不得相混，若要以實踐主體即道德的立法者，則必須肯定吾人之心即是一道德本心，以道德的實現即是道德主體的朗現，如象山之謂：「仁義者，人之本心也。」〔註86〕非在此心外說一仁義，此心即是仁義，分說心與性理只是因著主觀面與客觀面而言，實際上本心即是理，敬畏之情即是道德之理。因此，實踐動力的給出者若不能被認定為道德法則的制定者，那麼我們關於動力來源的說法也並不足以將朱子由他律道德學推往自律道德學了。

〔註85〕見李明輝：《四端與七情：關於道德情感的比較哲學探討》（台北：國立台灣大學出版中心，2005 年 6 月），頁 259～260。

〔註86〕見陸九淵著：〈年譜〉，《陸九淵集》（北京：中華書局，1980 年 1 月），卷 36，頁 483。

第五章 結 論

第一節 各章回顧

　　本論文共分五章，結構上，第一章爲緒論部分，主要針對朱子思想發展、前人研究與問題、方法做一敘述，而於二、三、四章展開文獻的討論與詮釋。本節將對全文討論做一簡短回顧，以明各章焦點與討論的主線。

　　本文的第二章主要做爲朱子學的背景了解，同時申述我們在研究朱子論心時採取的態度，並以之說明我們對於朱子心性論、天道觀的立場爲何，以做爲後兩章討論的預備。第一節一開始，我們分別介紹了唐君毅、牟宗三、錢穆、陳來、金春峰等前輩先生於朱子論心上的理解與詮釋。在下面一節中，我們便把焦點直接帶向朱子心性學上的發展，而以參就中和問題的過程做一討論的主軸，我們認爲朱子舊說時期雖具孟子學樣貌，同時帶有湖湘學派的色彩，但其思想內容實有不契此一路數者，遂有以形下之氣的變化混作天理的健動不息等言語，由此亦可窺見其轉向新說之不得不然了。而第二節第二部分則就朱子嚐言的「氣強理弱」義以見其理不活動，活動者是氣的規定，也思考此規定中對存在世界中的關懷價值，以及在工夫論上力求次第分明的特色以及減少悟性成份的用心，並在末尾提出朱子在心性分立下言及「本來貫通」與「心與理爲一」的意義。最後一節中，我們對朱子論心展開討論，我們通過人物之別引出心與知覺的關係，而在心屬氣又爲氣之靈的規定下，參考陳淳理氣合而言心的說明，以心之所以知覺者是理，而心之能有知覺表現者是氣，並以康德對根本惡的說明，解釋所謂知覺從欲的人心與知覺從理

的道心並非有二心，亦不得說知覺有二，只是前者受氣稟物欲牽引，而後者能純粹如實展現。最後順此推論朱子心為氣之靈一說之實意，在其有別於孟子本心為道德主體的定位下，仍分別得以由能力上的「乘氣管攝萬物」、與對象上知性知理，之兩種主宰義以說明之。

在第三章第一節中，我們由朱陸之爭帶出朱子對讀書法的重視，並通過目錄學上的歸類與統計的做法，來推論朱子的讀書意義應當做為一種修養工夫來理解的理由，至於詳細討論朱子的讀書法則有待於第二節中。在第二節，我們觸及了讀書法裡由博學、精熟、專一、熟記、虛心、疑、溫故、反覆、讀書次第、讀史、知行相需以至切己等十二個項目，同時為了方便討論的進行，我們將之分屬三大部分，在第一個部分中，我們以博學與精熟為主軸，而先以聖賢形象與心性論的兩個方向，來解釋朱子何以重視博學的理由，復由精熟與豁然貫通的目的來理解精熟、專一、熟記等操作與修養工夫之間的關係，並且在最後提出理一分殊這個本體宇宙論的基本立場如何做為讀書法的修養依據，同時保住天理不虛懸，即事以窮理，以及無物不可學、皆應當學的意思。

在圍繞虛心而展開討論的第二部分中，我們首先指出，虛心一事涉及了朱子心性論中心與理本來貫通的關係，這個心性論的這個規定正好是朱子工夫得以成立的保證，換言之，朱子的工夫實際上是要自氣稟中恢復心理通明的本來面貌，因此，工夫的着力點並不是在心上，而在對冶氣稟的問題。比之博學、精熟，虛心在讀書法中雖然同樣以達道做為目的，但卻是一種更為貼近核心，並且傾向於態度要求的操作。接著，我們在疑與體會經典意義的討論中，分判了朱子要避免的刻意求疑與義理掌握過程中自然生起之疑，從而說明朱子在讀書法中對見聞之知與德性之知的區分，最後順此解釋反復與溫故知新在讀書中的重要性，還有虛心在讀書法中的背景位置。我們也認為虛心除了有在態度上要求讓開一步，不先自立己見，以令聖賢道理得以顯現之外，它應當也具有對冶氣稟的問題以恢復道心的工夫義，這自然也是朱子認為讀書有助於改善氣質的緣由了。

第三部份我們則是依著讀書次第與切己這兩個問題展開討論，在讀書次第中朱子講究先經後史，先由四書的義理涵養以至讀史判斷，此如引水溉田，溉田之水不可不先積蓄，亦不可只停留於積蓄而不導向實踐，而朱子的讀史工夫，則有通過稱其輕重以給出道德判斷的要求在其中，由此亦得以說明朱

子在次第上何以要主張先經後史。若再就稱量輕重一事來說，這已然是把讀史與道德實踐關聯於價值判斷之上，於此處說來讀史便不得僅以「輔仁」的功夫視之，其活動本身即是經世致用的一部分，並有著外王的取向在內。由讀經涵養以至於讀史實踐的討論上，我們接著思考到二者在功夫上的聯繫，在這裡，我們通過知行的相須、先後以及互證循環三者來解釋涵養與實踐的關係。知、行二者在呈現上，固然有著「先知得，方行得」的執行步驟，但此先知後行只是時間線與因果關係上表述，就工夫上知、行二者則是相須相即，如人之二足不可偏廢的，而就此關係推進一層，又可以通過互證循環一詞來加以表述，即涵養與實踐在修養工夫中二者不斷地轉爲對方基礎，此即朱子所言的「知之愈明，行之愈篤；行之愈篤，則知之愈明」，而讀書的工夫也正是在這樣的情形中，逐漸積累以至於聖。最後我們思考了讀書法做爲切己工夫的意義，首先切己表明了讀書知理不假外求，需要在自家身上著實體貼，這裡點出天理必須在具體的道德實踐中方能被掌握；其次，若依照朱子以聖賢義理自家完具的看法來說，則讀書當是要我們在過程中見得我本來具有的性理，但是朱子的本具的意義並不同於孟子所說的「我固有之」，而僅是復返心與性二者明通無隔的本來狀態，不可指心、性是一。順著這樣的討論，在本節末尾也反省到朱子系統於牟宗三先生他律道德的分判下的理由與意義。而末節中，則針對本章文中「操作」一詞的使用爲引子，敘述朱子讀書法之做爲一種方法的價值，正在於減少主觀悟性成份與可學的目的，也再次說明其在實踐中對治氣稟，及以道德涵養做爲主要關懷的一種方向。

　　如果說第三章中我們在意的是朱子學中認識道德的理由與方式，第四章則是朝向道德實踐的動力如何給出的思考邁進。

　　到了第四章，我們以讀書法中的討論做爲基礎，回到朱子的工夫論中，因此著重的焦點多有關於讀書法的概念，而以格物致知與持敬做爲討論主軸。在第一節裡，我們交代了讀書與修養工夫的關係，以承接上一章中對讀書法的理解，做爲邁向格物致知討論的橋樑。第二節中，我們順著朱子以格物之「格」是「至於善」的意思，結合讀書法的讀史判斷，認爲格物活動有在事事物物中藉著「輕重」、「當處」的判斷，來見出道德之理的意思。其次我們延續了朱子以本來貫通解釋心與性理關係的講法，解釋了朱子的明德意義，並且順著這樣的討論以讀書法之「道理合下完具」的解釋，以及理一分殊的觀點來說明讀書與格物同樣是讓我們於分殊的差異中，上升至對於超越

的普遍性的理一的領悟。第三節主要討論持敬的問題，也以此討論道德實踐的動力問題。我們在介紹完牟宗三先生對朱子動力問題難以給出的說明後，展開了關於持敬的討論，在方法上，我們先由專一、主一的精神收束談起，並結合讀書法而肯定持敬工夫之能隨事檢束，通徹於一切事物。其後我們由朱子以畏說敬的思考，佐以康德的道德情感來解釋朱子的敬畏之情不同於氣稟欲望所引致的七情六慾，它本身雖然也屬於一種情感，但卻不能說是起源於外界環境的反應，而是由實踐主體對於性理的理解、掌握所引申出來的，而此種敬畏情有助於我們的修養工夫的落實，可為朱子心性情三分系統下，關於動力來源問題的一種解釋。最後，我們在第三節中也舉出了四點以反省此種動力來源：首先，當朱子將性理的活動劃歸於情氣後，對於敬畏之情的做為動力來源，亦難免於以情止情的困局。再者，我們若由此情之歸屬於感性層來考量之，則實難給予普遍必然性的肯定。其次，如果我們亦不得以道德情感來擔負道德責任。最後，朱子的敬畏之情本身並不是道德法則的給出者，道德法則是性理，敬畏是氣情，二者不得相混，我們不能以朱子可有敬畏之情的提出，便謂之為自律道德學。

第二節　朱子讀書工夫的當代教育價值

在心性論與天道觀的背景下，我們經由讀書法的考察，重新思考了朱子的道德哲學，進而肯定了其讀書窮理對於道德生命灌培的價值，然而不可諱言的，在其心理二分的基本立場中，朱子顯然過度切割了屬於道德法則的性理與實現原則的心之間的關係，因而無法承接孟子一路，直接由本心、性體來說工夫，而只令性理只成為靜態的、超越的一個形上的根源，致使活動意義旁落，只能順著實現原則上，由吾人之心來尋一動力來源。在第四章的末節中，我們已經檢討過此種動力根源的基本問題，因此，這種被建基於情氣之上的敬畏之情，縱然其發生原因不是基於外在環境，但亦不足以循著其起因於法則的掌握，便能擺脫情氣的基本規定，上提至形上的層次，而仍要受限於情氣的限制。因此，縱然我們能肯定朱子的讀書法、格物致知以至於持敬涵養等，皆有其對治氣稟駁雜、於人欲中逐步恢復道心的工夫論意義，而不應當僅被視為一種認識論下的知識活動，但我們也不能否認朱學內部動力問題的侷限，抑或心理二分下，以之為自律道德型態的困難。然而，理論上

的缺陷並不表示具體實踐上全然毫無價值，牟宗三先生也曾對朱子學有過如此闡述：「我們做個同情的了解，大概可以這樣說：他們是廣泛地、籠統地從教育的立場著眼。教育就是教人做人之道，是人的具體生活整個地看，也就是由教育的立場廣泛地看，朱子的方法是正宗。這『正宗』是從教育的立場來說的。他們由具體的生活整個地來看人，而不像現代人一樣，分別知識的一面和道德的一面。」〔註1〕從此處看來，我們若能把握住道德教育這一點，也很能從朱子的讀書工夫擷取經驗，尋找當代價值。

　　朱子本人十分重視道德教育培養的問題，除了語錄中、書信中時常有對於教育問題的討論外，在他與呂祖謙共同編輯的《近思錄》裡，更選錄了二十一條有關教學的語錄，獨立為〈教學之道〉〔註2〕一卷，同時，我們先前也曾引述李紀祥先生的意見提及過同樣以「錄」體為名，但王陽明的《傳習錄》所傳達、保留的乃是講學現場的語境；這與傳述聖賢話頭，企圖再現經典原意的《近思錄》比來，朱子之重視前賢為學進階的精神，〔註3〕顯然突出了他重視教育方法的性格。除此之外，在具體的教法上，我們先前在讀書法中所介紹的種種操作項目，如博學、精熟、虛心、切己，至今仍然顯得具體可行。而這些切合日用的涵養工夫，就其成聖的終極目的而言，正提示了我們道德教育應當是以人為本、以喚醒個體自覺為核心的一種教育。雖然在前述的討論中，我們曾依據康德的道德哲學為參照座標，以意志的自我立法為自律道德系統的基本規定，劃定朱子在心理二分的認定中，其道德哲學本有別於孟子、陸王心即理的立場，而當屬於他律的道德哲學，但就朱子對於惡（不善）之說明與讀書法中極欲導向豁然貫通以恢復心理之本然的企望而言，朱子的修養功夫仍是以主體實踐的明覺為目標，而他對於持敬這一工夫的看重，也可以說是在此種意識推動下的必然情況。因此，道德教育成功的關鍵乃是繫於個體道德生命的自覺與否，這正好呼應了朱子在《近思錄》的〈教學之道〉中選錄的一段話：

　　　剛善，為義，為直，為斷，為嚴毅，為幹固；惡，為猛，為隘，為
　　　強梁。柔善，為慈，為順，為巽；惡，為懦弱，為無斷，為邪佞。

〔註1〕 見牟宗三：《中國哲學十九講》（台北：台灣學生書局，1983年10月），頁396。
〔註2〕 此為《朱子語類》中朱子自定之卷目，若依葉采《近思錄集解》所編卷目，則當為「教學」。
〔註3〕 見李紀祥：〈《近思》之「錄」與《傳習》之「錄」〉，《人文學報》期20、21（桃園：國立中央大學文學院，1999年12月～2000年6月），頁88。

> 惟中也者，和也，中節也，天下之達道也，聖人之事也。故聖人立
> 教，俾人自易其惡，自至其中而止矣。〔註4〕

這則語錄出自周濂溪的《通書》之中，〈教學之道〉所選的二十一條語錄雖然是從濂溪、二程、橫渠處輯出，但是在朱子主導此書編成，與四子之語的或取或捨的背景下，北宋四子典範地位樹立的同時，無疑也是朱子心中儒家正統路線的完成，換言之，當朱子通過再現四子思想之實況於《近思錄》的那一刻，也便完成了自己的發聲，從這角度來看，〈教學之道〉的內容仍然可以反映出部份有關朱子教育思想上的見解。濂溪此文表示人的個性有剛、有柔許，而所以為義、為直，或為猛、為隘，箇中差異完全在於是善、是惡，朱子選錄此文正在闡示為師立教以「俾人自易其惡，自至其中」的重要性。所以道德教育的重心就朱子學而言，應當在於引導學者恢復心理之本然貫通，使人人皆能通過自我的實踐，在此學習的過程中切己體察，逐漸認識自我，也積極的肯定自我之性本善的價值，這種著眼於主體自覺的道德教育，對於人格的自我完成顯然是很有幫助的。在這樣的理解下，道德教育不僅不能單純地流於知識學習，亦不能加以數字考核或是條列式的行為規定，這類教條式的作法，是嘗試用經驗的規範來要求促成個人品德的完成，這無疑是把先驗道德學往下拉。蓋道德教育的重心不當在使人經由後天的學習而向善，應以吾人本有的性、理作為教化行動的依據，由此處加以充實並成全之。故朱子言讀書工夫的意義，正在於透過人人皆可從事的操作來涵養吾人之心，使之自氣稟物慾中恢復本來面貌。同時這樣的教育方式，也必然會隨著每一個個體實踐的環境而改變，如前述所說的，任何想要通過制式化的訓練以養成我們的道德判斷能力的方法，無疑是危險而錯誤的。道德教育既然是以成全吾人之心性為主軸，那他採取的方法便是從旁輔助，不對個體生命加以揠苗助長的干涉，況且此等干涉也很難會有實質的幫助。就成聖的理想、或人格的圓滿完成這一目標來看，道德教育因著生命所處的場域的不同，可有不同的實踐要求，所以這無疑是一種終身教育，不能只停滯於學校之中，舉凡家庭、社會皆當是落實的場所。

朱子之以格物、讀書來體認天理，雖然可以說出事事皆可學，亦應當學的意義，且通過格物與讀書的教法來強調天理不虛懸於人事之外，能於內聖

〔註4〕見朱杰人，嚴佐之，劉永翔主編：《近思錄》，《朱子全書》（上海：上海古籍出版社，安徽教育出版社，2002年12月），第13冊，卷11，頁268。

修養中提起外王要求。但因理論上本有混存在之性與道德之性的問題，格致之說總有以存在之然窮其所以然，而過於鬆散的情況，同時也容易在道德工夫中參雜知識學習等無關乎道德法則為對象的毛病。因此在道德教育上注意道德的無條件性的要求，不與其他價值活動混淆，則朱子之教法確實能於此緊扣本有之性理，那麼在於敬畏之情的部分上自然也能夠得到深化，進一步加強主體的道德意識，而更有助於吾人現實生活中的道德實踐了。

參考書目

一、古籍〈依作者年代排序〉

1. 魏·王弼撰，樓宇烈校釋：《王弼集校釋》（台北：華正書局有限公司，2006年8月第2版）。

2. 宋·朱杰人，嚴佐之，劉永翔主編：《朱子全書》（上海：上海古籍出版社，安徽教育出版社，2002年12月第1版）。

3. 宋·朱熹：《四書集註》（台南：大孚書局，2000年2月初版）。

4. 宋·朱熹撰，黎靖德編：《朱子語類》（北京：中華書局，2004年2月第5次印刷）。

5. 宋·張洪等編：《朱子讀書法》，《景印文淵閣四庫全書》第709冊子部儒家類（臺北：臺灣商務印書館，1983～1986年）。

6. 宋·張載：《張載集》（北京：中華書局，2006年12月）。

7. 宋·陳亮 《陳亮集》（北京：中華書局，1974年12月）。

8. 宋·陳淳：《北溪字義》（北京：中華書局，2009年4月）。

9. 宋·陸九淵：《陸九淵集》（北京：中華書局，1980年1月第1版）。

10. 宋·程顥，程頤：《二程集》（北京：中華書局，1981年7月第1版）。

11. 宋·葉適：《習學記言》，《景印文淵閣四庫全書》第849冊子部雜家類（臺北：臺灣商務印書館，1983～1986年）。

12. 元·程端禮：《讀書分年日程》，《景印文淵閣四庫全書》第709冊子部儒家類（臺北：臺灣商務印書館，1983～1986年）。

13. 明·王守仁：《王陽明全集》（上海：上海古籍出版社，1992年12月第1版）。

14. 明·呂柟：《朱子抄釋》，《景印文淵閣四庫全書》第715冊子部儒家類（臺北：臺灣商務印書館，1983～1986年）。

15. 明·劉宗周：《劉子全書》（台北：華文書局，影印清道光刊本，1968年）。

16. 清·王夫之：《讀四書大全說》（北京：中華書局，1975年9月第1版）。

17. 清·阮元：《十三經注疏》（北京：北京大學出版社，2000年12月第1版）。

18. 清·黃宗羲原著，全祖望補修：《宋元學案》（臺北：華世出版社，1987年9月臺1版）。

19. 清·黃宗羲：《明儒學案》（北京：中華書局，1986年10月第1版）。

二、專書〈依作者姓氏筆劃排序〉

1. 王邦雄，岑溢成，楊祖漢，高柏園：《中國哲學史》（台北：里仁書局，2007年8月30日修訂2版）。

2. 田浩：《朱熹的思維世界》（台北：允晨文化，1996年5月初版）。

3. 牟宗三：《中國哲學十九講》（台北：臺灣學生書局，1983年10月初版）。

4. 牟宗三：《心體與性體》（第一冊）（台北：正中圖書股份有限公司，2006年3月臺初版）。

5. 牟宗三：《心體與性體》（第二冊）（台北：正中圖書股份有限公司，2006年3月臺初版）。

6. 牟宗三：《心體與性體》（第三冊）（台北：正中圖書股份有限公司，2005年3月臺初版）。

7. 牟宗三：《從陸象山到劉蕺山》（台北：臺灣學生書局，1979年8月初版）。

8. 牟宗三：《圓善論》（台北：臺灣學生書局，1985年7月初版）。

9. 牟宗三譯註：《純粹理性批判》（上冊）（台北：臺灣學生書局，1997年8月再版）。

10. 牟宗三譯註：《康德的道德哲學》（台北：臺灣學生書局，2000年5月再版）。

11. 伽達默爾著，洪漢鼎譯：《詮釋學 I：真理與方法》（北京：商務印書館，2007年4月第1版）。

12. 伽達默爾著，洪漢鼎譯：《詮釋學 II：真理與方法》（北京：商務印書館，2007年4月第1版）。

13. 余英時：《朱熹的歷史世界——宋代士大夫政治文化的研究》（北京：生活·讀書·新知三聯書店，2004年8月）。

14. 束景南：《朱熹研究》（北京：人民出版社，2008年10月第1版）。

15. 李明輝：《四端與七情：關於道德情感的比較哲學探討》（台北：國立臺灣大學出版中心，2005年6月初版）。

16. 李明輝：《康德倫理學與孟子道德思考之重建》（台北：中央研究院中國文哲研究所，1994年5月出版）。

17. 李瑞全：《當代新儒學之哲學開拓》（台北：文津出版社，1993 年 3 月初版）。

18. 杜保瑞：《北宋儒學》（台北：臺灣商務印書館股份有限公司，2005 年 4 月初版）。

19. 金春峰：《朱熹哲學思想》（台北：東大圖書股份有限公司，1998 年 5 月初版）。

20. 洪漢鼎：《詮釋學—它的歷史和當代發展》（北京：人民出版社，2001 年 9 月第 1 版）。

21. 唐君毅：《中國哲學原論‧原性篇》（台北：臺灣學生書局，1989 年 11 月全集校訂版）。

22. 唐君毅：《中國哲學原論‧原教篇》（台北：臺灣學生書局，1990 年 9 月全集校訂版）。

23. 唐君毅：《中國哲學原論‧導論篇》（台北：臺灣學生書局，1986 年 9 月全集校訂版）。

24. 徐復觀：《中國人性論史　先秦篇》（台北：臺灣商務印書館股份有限公司，2003 年 10 月初版）。

25. 馬丁‧海德格爾著，陳嘉映、王慶節合譯：存在與時間》（北京：生活‧讀書‧新知三聯書店，2006 年 4 月第 3 版）。

26. 康德著，李秋零譯：《單純理性限度內的宗教》（台北：商周出版，2005 年 4 月 6 日初版）。

27. 張立文：《朱熹思想研究》（北京：中國社會科學出版社，1994 年 9 月第 2 版）。

28. 張立文：《朱熹評傳》（南京：南京大學出版社，1998 年 12 月第 1 版）。

29. 陳來：《朱子哲學研究》（上海：華東師範大學出版社，2000 年 9 月第 1 版）。

30. 陳來：《朱子書信編年考證》（北京：生活‧讀書‧新知三聯書店，2007 年 9 月第 1 版）。

31. 陳來：《宋明理學》（上海：華東師範大學出版社，2005 年 7 月）。

32. 陳特：《倫理學釋論》（台北：東大圖書股份有限公司，1994 年 3 月初版）。

33. 陳榮捷：《朱子門人》（台北：臺灣學生書局，1982 年初版）。

34. 陳榮捷：《朱學論集》（台北：臺灣學生書局，1982 年 4 月初版）。

35. 陳榮捷：《朱熹》（台北：三民書局，1990 年 2 月初版）。

36. 陳榮華：《海德格存有與時間闡釋》（台北：國立臺灣大學出版中心，2006 年 9 月）。

37. 勞思光：《新編中國哲學史》（臺灣：三民書局股份有限公司，1983 年 2

月初版）。

38. 曾昭旭：《在說與不說之間》（台北：漢光文化，1992 年）。

39. 黃俊傑：《孟學思想史論》（卷二）（台北：中央研究院文哲研究所籌備處，2001 年 2 月初版）。

40. 楊祖漢：《從當代儒學觀點看韓國儒學的重要論爭》（台北：國立臺灣大學出版中心，2005 年 8 月初版）。

41. 楊祖漢：《儒學與康德的道德哲學》（台北：文津出版社，1987 年 3 月出版）。

42. 劉述先：《朱子哲學思想的發展與完成》（台北：臺灣學生書局，1995 年 8 月增訂 3 版）。

43. 潘立勇：《朱子理學美學》（北京：東方出版社，1999 年 12 月第 1 版）。

44. 蔡仁厚：《宋明理學·北宋篇》（台北：臺灣學生書局，1988 年 10 月初版）。

45. 蔡仁厚：《宋明理學·南宋篇》（台北：臺灣學生書局，1994 年 3 月增訂版）。

46. 錢穆：《朱子新學案》（台北：三民書局股份有限公司，1971 年）。

47. 錢穆：《學籥》，《錢賓四先生全集》（台北：聯經出版公司，1998 年）。

三、論文期刊〈依作者姓氏筆劃排序〉

1. 吳展良：〈朱子的認識方式及其現代詮釋〉，《中國哲學與文化（第一輯）：反向格義與全球哲學》（桂林：廣西師範大學出版社，2007 年 5 月）。

2. 李明輝：〈朱子對「道心」、「人心」的詮釋（下）〉，《鵝湖月刊》卷 33 期 4（台北：鵝湖月刊雜誌社，2007 年 10 月）。

3. 李明輝：〈朱子對「道心」、「人心」的詮釋（上）〉，《鵝湖月刊》卷 33 期 3（台北：鵝湖月刊雜誌社，2007 年 9 月）。

4. 李明輝：〈朱子論惡之根源〉，《國際朱子學會議論文集》（台北：中國文哲研究所籌備處，1993 年 5 月）。

5. 李紀祥：〈《近思》之「錄」與《傳習》之「錄」〉，《人文學報》期 20、21（桃園：國立中央大學文學院，1999 年 12 月～2000 年 6 月）。

6. 杜保瑞：〈朱熹經典詮釋中的工夫理論〉，《揭諦》期 11（嘉義：南華大學哲學系，2006 年 6 月）。

7. 林敬文：〈近思錄中的教育思想〉，《中華文化復興月刊》卷 18 期 3（台北：中華文化復興運動推行委員會，1985 年 3 月）。

8. 林維杰：〈朱子〈讀書法〉中的詮釋學意涵〉，《理解、詮釋與儒家傳統：理論篇》（台北：中央研究院中國文哲研究所，2007 年 12 月）。

9. 林維杰：〈朱熹經典詮釋中的工夫論〉，《中國文哲研究通訊》卷 17 期 2（台北：中央研究院中國文哲研究所，2007 年 6 月）。

10. 林維杰:〈萬物之理與文章之理:朱熹哲學中形上學與詮釋學的關聯〉,《揭諦》期 4(嘉義:南華大學哲學系,2002 年 7 月)。

11. 邵東方:〈朱子讀書解經之詮釋學分析 —— 與伽達默爾之比較〉,《朱子學的展開 —— 學術篇》(台北:漢學研究中心,2002 年 6 月)。

12. 張慧芳:〈朱子的心性觀與格物致知〉,《靜宜人文學報》期 8(台中:靜宜大學文學院,1996 年 7 月)。

13. 張慧芳:〈朱子的理氣觀〉,《靜宜人文學報》期 2(台中:靜宜女子大學文學院,1990 年 10 月)。

14. 張鍠焜:《朱子讀書法研究》(台北:臺灣師範大學教育研究所碩士論文,1990 年)。

15. 楊祖漢:〈朱子心性工夫論新解〉,《嘉大中文學報》期 1(嘉義:國立嘉義大學中國文學系,2009 年 3 月)。

16. 楊祖漢:〈朱子理一分殊論的現代意義〉,《艮齋學論叢》輯 5(首爾:韓國艮齋學會,2006 年 8 月)。

17. 楊祖漢:〈從王學的流弊看康德道德哲學作爲居間型態的意義〉,《鵝湖學誌》期 33(台北:鵝湖月刊雜誌社,2004 年 12 月)。

18. 楊祖漢:〈從朱子的「論敬」看朱子思想形態的歸屬〉,《宋代新儒學的精神世界——以朱子學爲中心》(上海:華東師範大學出版社,2009 年 6 月)。

19. 楊儒賓:〈臺灣戰後的朱子學研究〉,《漢學研究通訊》總期 76(台北:漢學研究中心,2000 年 11 月)。

20. 楊儒賓:〈格物與豁然貫通 —— 朱子〈格物補傳〉的詮釋問題〉,《朱子學的展開 —— 學術篇》(台北:漢學研究中心,2002 年 6 月)。

21. 趙顯圭:《朱熹人文教育思想之研究》(台北:政治大學教育研究所博士論文,1998 年)。

22. 蔡仁厚:〈朱子的工夫論〉,《國際朱子學會議論文集》(台北:中國文哲研究所籌備處,1993 年 5 月)。

23. 謝大寧:〈「詮釋」與「推證」 —— 朱子格物說的再檢討〉,《中正大學中文學術年刊》期 6(嘉義:中正大學中國文學系,2004 年 12 月)。

24. 權相赫:《朱子人格教育思想體系》(台北:臺灣師範大學教育研究所博士論文,1983 年)。